ESSAI
SUR
LES MŒURS.

Scribendi Libros non est finis.

A BRUXELLES.

M. DCC. LVI.

AVERTISSEMENT.

JE marche dans une route battue par d'habiles maîtres, sans me persuader que je les vaux bien; je suis la trace du grand LA BRUYERE, *& je ne crois pas l'avoir surpassé : c'est une modestie rare dont on doit me tenir compte. Mais quoi, dira-t-on, toujours des caractères! Pourquoi non? Tant qu'il y aura des défauts & des vices, il sera permis de les peindre pour les corriger. Malheureusement pour les hommes la matière est inépuisable; eh! le moyen d'être Philosophe, sans* *avoir un peu grondé l'eſpèce humaine ?*

Je ſais qu'en fait de ſciences, la grande maxime eſt de partir du point où les autres ſont reſtés ; mais je ne penſe pas que cette maxime ait lieu par rapport aux ouvrages de goût. Un ſujet ſaiſi par Raphaël ou par Rubens ne peut-il donc être traité par aucun autre pinceau ? Chacun a ſon coloris & ſa manière. Si la mienne eſt bonne, c'eſt au Public d'en juger. Au reſte, j'attends ſa déciſion avec autant de tranquillité que de reſpect ; car j'écris en citoyen, non pas en au-

teur, & si je puis guérir un seul homme d'un seul défaut, je suis trop payé de mon travail. C'est même la seule gloire que je trouve digne de moi.

Il seroit tems de protester ici contre toutes les fausses applications que l'on pourra faire de mes peintures ; mais la précaution est inutile. Un Auteur a beau se justifier, la malignité n'est pas crédule. Je vais même faire un aveu auquel on ne s'attend peut-être pas ; c'est que j'ai eu intention de peindre tous ceux qui se reconnoîtront dans mes portraits. Si l'on s'y reconnoît, je serai sûr qu'ils sont bien. Si l'on ne s'y reconnoît point, ce ne sera pas la preuve qu'ils sont mal. On en trouvera quelques-uns qui ennuiront plus que les autres, parce qu'ils sont obligeans; mais les esprits caustiques à qui ils déplairont peuvent les passer : aussi-bien ceux que j'ai loués n'avoient pas besoin de mes éloges. Adieu, cher Lecteur, épluche bien mon Livre, critique-le, méprise-le, mets-le en pièces, ou jette-le au feu, mais corrige-toi.

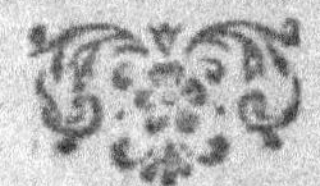

ESSAI SUR LES MŒURS.

I.

De l'Education.

L'HOMME naît avec une raison capable de grandes vérités, & avec des ſens ſuſceptibles de grandes erreurs. Tout l'art de l'éducation conſiſte donc à mettre la raiſon en garde contre les ſens.

Qu'un enfant dans le berceau eſt un vaſte ſujet de réfléxions pour un père vertueux & qui penſe ! L'exiſtence qu'il lui à donnée n'eſt rien ſans l'éducation ; & ſi l'éducation eſt mauvaiſe, cette exiſtence eſt peut-être le plus grand des malheurs.

Hâtez-vous de jetter de bons principes dans une jeune ame ; c'eſt de-là que dépend ſon ſort. Il viendra peut-être un tems critique où les paſſions prendront le deſſus. N'importe ; les ſemences du vrai portent leur fruit tôt ou tard ; au lieu qu'une ame mal inſtruite eſt preſque ſans reſſources. Les mauvais préjugés ſont pires que les vices.

Des hommes ſauvages ſe dévouent à la mort, parce qu'on leur a dit, dès l'enfance, que la vie eſt mépriſable quand elle eſt incommode. De ſimples femmes ſe précipitent dans les flammes, parce que la coutume ne veut pas qu'elles ſurvivent à leurs maris. O préjugé, quel eſt ton empire, & qu'il eſt important de te bien choiſir ! Si l'opinion apprend à mourir à des peuples barbares, pourquoi n'apprendroit-elle pas à bien vivre à des peuples policés ?

Les principes reçus dans l'enfance reſſemblent à ces caractères tracés ſur l'écorce d'un jeune arbre, qui croiſſent, qui ſe développent avec lui, & font partie de lui-même.

Le propriétaire d'une terre a grand ſoin de voir ſi on ne la déteriore pas, ſi on ne la laiſſe pas en friche. Un père confie ſes enfans à des maîtres mercénaires, & il ne s'en embarraſſe plus. Ne diroit-on pas que dans nos idées un enfant ne vaut pas une terre?

L'éducation des enfans eſt ſi négligée, que ſi la libéralité de nos Princes n'eût fondé des Ecoles publiques où on envoye la Jeuneſſe par bienſéance & par mode, il feroit à craindre que nous ne retombaſſions bientôt dans la barbarie des premiers ſiècles.

Je me ſuis ſacrifié pour mon fils, dit amerement *Philotas.* Tous les exercices propres à former le corps, toutes les connoiſſances qui peuvent orner l'eſprit, ſont entrés dans le plan de ſon éducation. Il me coûte des ſommes immenſes; en eſt-il plus reconnoiſſant? Il ſe deshonore; & ce fils qui devoit être la conſolation de ma vieilleſſe, eſt le poiſon de mes jours. Je vous plains, *Philotas*, votre ſituation eſt déſolante; mais ce n'eſt pas tout-à-fait la faute de votre fils. Avant ces maîtres de toute eſpèce, que ne lui donniez-vous un maître en fait d'honneur & de probité?

Quand un père n'offre à ſes enfans que de grands exemples, quand il conſacre à leur éducation une partie conſidérable d'une fortune médiocre ; quand il veut être leur premier maître, & leur donner tout le tems que lui laisse l'administration des affaires publiques, il est difficile qu'un tel père n'ait pas des enfans dignes de lui. Nous aurons des Scipions, quand nous aurons des Paul-Emiles.

Ergaste vous dit ingénuement qu'il n'a pas laissé pourrir son fils dans la poussière du Collége, qu'il ne vouloit pas en faire un Savant. Il l'a mis de bonne heure dans le monde ; il lui parle sans cesse de politesse, de bienséances, de bel usage ; pas un mot de vertu, d'amour de la patrie, de fidélité à ses amis. Il l'avertit sur-tout qu'il faut faire ſon chemin ; il lui indique les moyens. Fort bien, *Ergaſte*, continuez ; c'eſt ainſi que l'on forme les gens aimables, & les mauvais citoyens.

Dire d'un jeune homme que ſon éducation eſt faite, eſt-ce dire qu'on a orné ſon eſprit, qu'on a formé ſon cœur, qu'on lui a fait ſentir les rapports eſſentiels qui ſont entre Dieu & la créature, le culte qu'elle lui doit, qu'on lui a inſpiré le reſpect pour les loix, le zèle du bien public, l'amour des malheureux? Non ; c'eſt dire ſeulement que le précepteur eſt remercié, & que l'élève a lû, par parties, certains Auteurs claſſiques dont il n'a rien retenu, qu'il n'a point entendus, & qu'il ne relira jamais.

Horace se plaignoit de ce que les jeunes gens de son tems ne savoient ni monter un cheval, ni soutenir la fatigue d'une chasse. Si Horace revivoit parmi nous, il ne pourroit pas faire le même reproche à notre Jeunesse; mais peut-être diroit-il qu'elle ne fait que cela.

Un soin important occupe le vieux *Nicandre ;* il est tems de fixer la vocation de son fils. Le mettra-t-il dans l'Epée ou dans la Robe ? L'une & l'autre demandent des qualités essentielles qu'il faut avoir reçues de la nature, & perfectionnées par le travail. En attendant que

Nicandre ſe décide, il donne à ſon fils un maître de violon.

Alcippe, c'eſt en vain que vous travaillez avec tant d'ardeur pour le bien de l'Etat. Votre fils dont vous négligez l'ame, à qui vous oubliez d'inſpirer des ſentimens de grandeur, de déſintéreſſement, de zèle pour la patrie, votre fils aura votre place & renverſera votre édifice.

Si de l'éducation de la Jeuneſſe dépend le ſalut de la République, les mauvais pères devroient être punis comme les mauvais citoyens.

Un fils qui n'a reçu de ſon père que la vie, ne lui doit que ce que preſcrivent la Religion & les Loix; mais un enfant mal élevé ne connoît ni loix ni religion. De quoi donc peuvent se plaindre les mauvais pères, si leurs enfans sont ingrats & dénaturés?

Quelle seroit la folie d'un homme qui se plaindroit de l'ingratitude d'un champ où il n'auroit semé que de l'ivraie? Pères scandaleux & malheureux par vos enfans, voilà votre image.

La brute la plus sauvage chérit ses petits, les nourrit avec soin, les réchauffe avec tendresse, veille à leur conservation, expose sa vie pour leur défense. Si elle avoit quelque chose de plus à faire, elle feroit davantage; mais parce qu'elle ne connoît que les besoins corporels, ſes vues ſe bornent au corps. Une mère qui ne prend ſoin que des attraits & de la fortune de ſa fille, eſt donc plus dénaturée que la bête féroce.

Je connois une mère qui dit vingt fois le jour à ſa fille : tenez-vous droite, & qui ne lui a pas encore dit une ſeule fois : ſoyez modeſte.

Iſmene ſort du Couvent où elle a pris des ridicules & de bons principes. Elle rentre dans la maiſon paternelle où ces ridicules ſeront bientôt corrigés & remplacés par des vices. Elle va ſe former ſous les yeux d'une mère qui ne regarde que ſon miroir, qui n'a pas aſſez de tems pour ſa toilette & ſes plaiſirs.

Si l'on n'inculque pas à *Ismene* de grandes, de précieuses maximes, elle apprendra du moins à se présenter avec grace, à figurer dans un cercle, à médire avec esprit; elle aura une teinture de tous les arts agréables & dangereux; elle saura par cœur tous les titres des livres frivoles, & son éducation sera censée faite, lorsqu'elle sera parfaitement instruite dans l'art de gagner les cœurs & de corrompre le sien.

Pourquoi l'éducation d'une jeune personne que l'on ne destine pas au Couvent, ne roule-t-elle pas sur les moyens d'être heureuse avec son mari?

Sans la fureur de plaire, l'amour maternel seroit sans doute le ſentiment le plus vif. *Cydaliſe* a une fille aimable, & qu'elle aimeroit probablement, ſi elle n'étoit pas plus belle que ſa mère.

Les mères de Sparte ſe réjouiſſoient à la nouvelle de leurs enfans tués dans un combat. C'étoit un excès. Voici l'excès contraire qui eſt pire encore. *Cephiſe* la plus tendre des mères donne à ſon fils un précepteur qui n'eſt que pour la forme. Elle-même aſſigne les heures du travail, elle en preſcrit la meſure. Quoique ſon fils ſoit deſtiné à remplir une charge qui exige de grandes lumières, elle ne veut pas qu'il ſoit un docteur. L'étude pourroit abréger ſes jours ou alterer ſa ſanté. Que faites-vous, ô *Cephiſe*, & qu'importe à la ſociété, la vie d'un citoyen robuſte & inutile?

Un père qui ne ſait pas être l'ami & le confident de ſon fils, ne doit ſe mêler de ſon éducation que pour payer les gages du précepteur.

Le ſuccès d'un précepteur eſt de faire paſſer ſes idées, ſes ſentimens dans l'eſprit & dans le cœur de ſon élève. C'eſt de lui tranſmettre toute ſon ame. Donc choiſir un homme pour élever un héritier du thrône, c'eſt ſuppoſer un homme capable de régner ; fauſſe conſéquence. Il y a loin de la ſpéculation à la pratique.

Le talent du précepteur d'un Roi, c'eſt de lui dire de grandes choſes; le mérite d'un Roi, c'eſt d'en faire.

Sais-tu bien, *Cléante*, que ce précepteur de ton fils, que tu mets au rang de tes valets, à qui tu fais eſſuyer tant de boutades & de hauteurs, s'il vient à bout d'inſpirer à ſon élève une ſeule vertu, vaut mieux que toi, tes dignités & tes ayeux?

Un père qui traite le précepteur de ſon fils comme ſon cocher & ſon palfrenier, paroît ne faire pas plus de cas de ſes enfans que de ſes chevaux.

Le diſciple de Socrate devint le maître d'un jeune tyran dont il ſut adoucir les mœurs. Il l'arracha d'entre les bras de la molleſſe, & lui inſpira le deſir de connoître ſes devoirs. Il lui donna du goût pour la vertu, & même pour la vérité. Son ſuccès fut le fruit de ſon adreſſe. L'étude du maître fut de gagner la confiance de ſon diſciple, & ſa prudence y réuſſit. Quelle différence entre ce Mentor & nos Pédagogues ! Quel eſt néanmoins celui de nos pédans qui voulût céder le pas à Platon?

Voyez l'air empeſé, le ſérieux comique de *Vadius*. Jamais le Sénat Romain, du tems même des Cyneas, eut-il dans ſon enceinte un front plus grave? Avec quelle dureté il parle à toute cette Jeuneſſe qui l'entoure! Cet air décisif & tranchant, ce ton magistral & dogmatique qu'il a contracté vis-à-vis de ses disciples, il le porte dans tous les cercles. Il voudroit tenir toute la société sous sa ferule. Il se croit le régent de l'univers. Il parle grec & latin devant des femmes. Il a toujours une foule de traits historiques à citer mal à propos. Il a fait des dissertations lumineuses sur les passages les plus difficiles des Anciens. On vante son savoir ; on loue le talent de *Vadius* dans l'art d'instruire ; mais lui qui sait tant de choses, je voudrois bien qu'on lui en apprît une qu'il ne sait pas ; que le plus grand malheur qui puisse arriver à ses élèves, c'est de lui ressembler.

II.

Des trois principaux états de la vie civile.

LA MODE s'étend depuis le goût d'un ajuſtement juſqu'au choix d'un état.

Dorante qui eſt un homme comme il faut, a trois fils déja grands. Il s'agit, non de leur choiſir, mais de leur donner un état. L'aîné qui eſt un lâche ſera dans l'Epée. Le ſecond entrera dans la Magiſtrature, & ce ſera un ignorant. Le plus jeune qui a des paſſions violentes, appartient de droit à l'Eglise. La Société n'en ſera pas mieux ſervie, mais la mode l'exige. C'eſt un uſage établi chez les honnêtes gens. Pourquoi l'Auteur de la nature ne s'y conforme-t-il pas dans la diſtribution de ſes dons ?

On ne veut pas que les Miniſtres de l'Autel ſoient dans l'abondance. N'eſt-ce pas une choſe criante, dit-on, de voir des Prélats traînés dans de pompeux équipages, avec un nombreux cortège de valets & cent mille livres de rente? On voudroit les aſſujettir à un vœu de pauvreté qu'ils n'ont pas fait. Il ſemble que ce ſoient des hommes de bouë, qui par la crédulité du peuple & l'hypocriſie ſe ſont élevés à la fortune. On oublie que la plûpart ſont nés pour les grands biens, pour les grandes places. On n'examine pas quel uſage ils ſont de leurs revenus. Mais peut-on ignorer que pluſieurs ſoutiennent au ſervice ceux de leurs parens qui verſent leur ſang pour la patrie? On ſe diſſimule même que ceux qui paroiſſent les moins détachés de ce faſte qu'on leur reproche, ſe ſont toujours ſouvenus dans des tems de misère publique, qu'ils étoient pères & paſteurs, que leur richeſſe a été la reſſource de tout un peuple. On leur porte envie, on les dégrade, on les calomnie, & cette fureur prouve combien ce faſte eſt néceſſaire. Parce que les Evêques ſont riches, ils ſont décriés; s'ils étoient pauvres, ils ſeroient inſultés.

Cenſeurs de l'Epiſcopat, que vous ſemble de *Théodéme* ? La calomnie qui l'attaque n'oſe eſperer le ſuccès de ſes impoſtures ; elle ne fait que rendre ſa vertu plus frappante. Seroit-il poſſible de remplir mal les Dignités quand on les refuſe conſtamment, & qu'on ne les accepte enfin que par ſoumiſſion pour ſon Roi ! Père du pauvre, aſile des malheureux, *Théodéme* prévient, ſoulage leurs beſoins, gémit de ceux qu'il ne peut ſoulager. Sa bienfaiſance pourſuit ſes calomniateurs. Sa délicateſſe craint de faire ſentir ſes bienfaits. Miniſtre incorruptible, Paſteur infatigable, il eſt auſtère pour lui-même, affable à tous ou ſévère par devoir, irréprochable dans ses mœurs ; & si vous en doutiez, interrogez ses ennemis.

Théodas traîne après lui les graces qui voudroient le fuir. Il rit à tous ceux qu'il rencontre, & encore plus à lui-même. Sa chaussure est si juste & si bien prise, qu'il y a de quoi estropier l'homme le plus robuste. Sa chevelure est arrangée avec un art qui l'emporte sur le Petit-Maître de théâtre. Des pieds jusqu'à la tête la plus intrépide Coquette ne trouveroit rien à controller dans l'ajustement de *Théodas*. Il a des odeurs de toutes les sortes. Il siffle admirablement tous les airs nouveaux. Ne croyez pas qu'il fût embarraſſé de battre l'entrechat. Parlez-vous de Littérature? il ſait par cœur Bocace & la Fontaine Compoſé biſarre qui a tous les airs cavaliers ſous les livrées du ſanctuaire ; fut-il jamais un plus joli monſtre? Eh qui croiroit que *Théodas* appartient à l'autel, ſi les couleurs de ſon viſage ne venoient de ſes amygdales exceſſivement ſerrées dans un petit colet?

On ſe perſuaderoit que ce ſont ces mauvais Miniſtres qui font mépriſer les bons, ſi l'on ne ſavoit que le mépris des gens du monde pour les gens d'Egliſe, vient d'un fonds de haine pour la Religion même.

Théodule ſe croit tout le talent

néceſſaire pour annoncer dignement les oracles de la Religion. Il eſt prôné par une cabale qui applaudit tous les jours au théâtre, ou par une troupe de femmes mondaines qui veulent bien ſe charger du ſuccès de quelques Prédicateurs de l'Evangile. Il monte en chaire, & tandis qu'il exhorte à l'humilité, ſon objet eſt de prouver qu'il a un mérite ſupérieur. Il prêche le déſintéreſſement & l'abnégation, uniquement pour faire fortune.

On jugeoit peut-être autrefois de la bonté d'un Prédicateur par la multitude des converſions; on en juge aujourd'hui par la foule des caroſſes.

Quelques Prédicateurs diſent

qu'on ne va les entendre que pour les censurer. Le fait est vrai; mais de quoi se plaignent-ils? Ce n'est pas la parole de Dieu que l'on critique, puisqu'ils ne la prêchent point. Ils ne parlent que pour plaire; & s'ils manquent leur coup, n'a-t-on pas droit de dire qu'ils ne plaisent pas? On ne s'avise guères de critiquer le stile d'un vrai Missionnaire.

Que votre stile est élégant & pur, ô *Théodat*! L'Académie en corps n'y trouveroit pas une seule phrase à critiquer. Quelle finesse dans les pensées! quelle symétrie dans tout le discours! quelle adresse à me développer en cent manières différentes une idée qui eſt toujours la même, à la diſſéquer, à me la reproduire ſous un nombre prodigieux de faces toujours ingénieuſes! Que vos antithèſes ſont déliées! que vos portraits ſont finis! que tout cela eſt bien trouvé! Qui pourroit ne pas convenir, *Théodat*, que vous avez beaucoup d'eſprit, & que vous prêchez fort mal?

Il y a long-tems qu'on l'a dit aux Prédicateurs : laiſſez-là toutes ces diviſions ſi ſubtiles, ſi compaſſées, ſi frivoles, ſi pitoyables, puiſqu'elles ne ſont qu'énerver le diſcours, & marquer la diſette du génie qui a beſoin de ces petites reſſources. Choiſiſſez une vérité unique, capitale, qui prête à l'inſtruction & au ſentiment. Développez-en toute l'étendue; marquez-en tous les rapports. Ne craignez pas de faire le cathéchiſme à des gens du monde qui ne ſavent rien, ou à de beaux eſprits qui ſavent tout, excepté la Religion. Quand vous les aurez ſuffiſamment inſtruits, livrez-vous au pathétique, à l'enthouſiaſme. Oppoſez la loi à la conduite de vos auditeurs. Peignez-en le contraſte avec force, mais d'un ton qui ſente le zèle & non la ſatyre. Employez ces traits de feu dont l'Evangile & les Prophétes ſont pleins; ces traits ſi propres à remuer le cœur, à entraîner la volonté, à inſpirer la terreur ou l'amour. Faites-en aux mœurs une application judicieuse & naturelle. Voilà ce qu'on a dit aux Ministres de la parole sainte ; mais c'étoit leur dire : ayez du zèle & du génie. Malheureusement le zèle qui est le fruit d'une grande piété, n'est pas commun ; & le génie qui est un don de la nature, est encore plus rare.

Deux hommes seuls délivrent Thèbes de la tyrannie de Lacédémone. Toujours unis par les emplois, ils ne cesserent de l'être par l'amitié. Tous deux couverts de gloire, & tous deux sans jalousie, leur unique objet fut le bien public, & leur succès fut le fruit de leur bonne intelligence. Intrépides Guerriers que la cause commune réunit, mais que l'intérêt perſonnel diviſe, vous êtes de la Patrie les ennemis les plus redoutables, puiſque vous ne faites que la déchirer, en feignant de la défendre. Vous vous donnez pour des hommes importans à la République ; & ce qui lui importeroit le plus, c'eſt que vous ne fuſſiez pas nés. Vous prétendez à ſes couronnes, & vous êtes dignes de tous ſes ſupplices.

Des deux vengeurs de Thèbes, l'un né avec de grands biens fut pauvre au milieu des richeſſes ; il auroit eu honte de dépenſer pour ſa table & ſes habits plus que le dernier de ſes concitoyens. L'autre fit plus ; il ne voulut jamais renoncer à la pauvreté qu'il avoit reçue de ſes pères. Tous deux furent des Héros.

Entre ces deux Héros, le ſecond fut regardé comme le premier homme de la Grèce, & il étoit Philoſophe, homme de lettres.

L'Etude & les Lettres ſont peut-être inutiles aux Militaires; témoins Scipion & Céſar.

La bravoure eſt dans le ſang; la vertu militaire eſt dans l'ame; mais l'orgueil fait ſouvent prendre pour une qualité de l'ame ce qui n'eſt que l'impétuoſité du ſang.

La valeur intrépide qu'inſpire l'orgueil & l'ambition, ne fait que de vils conquérans. Changez le motif, vous aurez des Héros.

Quand un Guerrier combat pour ſa fortune & pour ſa gloire, la Patrie ne lui doit que la moitié de ce qu'il cherche, une fortune & point d'éloges. Quand un Guerrier ne combat que pour ſa Patrie, elle lui doit tout ce qu'il ne cherche pas; des richeſſes, des dignités, des triomphes & des ſtatues.

Rigueur des ſaiſons, fatigue des marches les plus difficiles, remparts ſourcilleux que l'art de concert avec la nature ſemble rendre invincibles, machines meurtrières qui ne ceſſez de vomir la flamme & le carnage, fer homicide qui étincellez aux yeux des enfans de la gloire, vous n'avez rien qui les étonne. Ils volent au péril, & ne croyent pas trop payer les lauriers militaires, s'ils les achetent aux dépens de leur vie. Cependant qui le croiroit que ces Héros qui cherchent l'immortalité dans la mort même, n'ont pas le courage de vaincre une foiblesse, de se corriger d'un vice, pas même d'un ridicule?

La gloire qui vient de l'Epée est-elle véritablement au dessus de celle qu'on peut acquérir dans la Robe? Il faut avouer du moins que c'est un préjugé respectable.

Quel état plus élevé que celui de la Magistrature, puisqu'il suppose beaucoup de talens & toutes les vertus? Le Magistrat est dans la Société l'image du

Prince, comme le Prince eſt l'image de la Divinité. Que l'homme de Robe juge donc de l'étendue de ſes devoirs par l'importance de ſa place. Dans cette carrière brillante l'opprobre eſt à côté de la gloire, & le Magiſtrat qui n'eſt pas un Héros, eſt une peſte publique.

Conſultez en matière de goût vingt perſonnes qui ont de la réputation, vous aurez vingt avis différens ou oppoſés. Un Auteur peut alors mépriſer la plupart de ces conſeils ; il en eſt le maître, & ſouvent c'eſt tant mieux. Un Juge qui recueille les voix eſt au contraire aſſujetti à ſuivre la pluralité, & ſouvent c'eſt tant pis.

Damis s'annonce par l'odeur

de ses parfums, par le ton précieux dont il parle à ses gens. Il entre brusquement dans un Cercle ; d'un coup d'œil fier & hardi, il l'a déjà parcouru tout entier ; il tourne le dos aux hommes, il insulte les femmes en voulant les complimenter ; il ne s'assied pas, il tombe sur un siége ; il interrompt les plus honnêtes gens ; il parle de rubans, d'ajustemens, de petits soupers, de fêtes nocturnes ; il conte ses prouesses, il dit des fadeurs, il fait des mines. Quel impudent ! quel fat ! dis-je à l'oreille de mon voisin. Le père de ce joli Monsieur est bien malheureux d'avoir un tel fils ; il n'en fera jamais rien. A quoi pensez-vous ? me dit-on.

Celui que vous voyez étendu mollement ſur ce canapé, ſiégeoit gravement ce matin ſur les fleurs de lys. C'eſt un homme qui juge les peuples.

Lorſque je commençai à entendre au Barreau ces Orateurs de la première claſſe, j'étois attriſté de ne pas les comprendre; aujourd'hui je m'en félicite.

Qu'un Avocat entre dans la lice avec tout ce qui caractériſe le talent oratoire; qu'il ſache expoſer un fait avec préciſion, avec clarté, défendre ou réfuter des moyens avec force, rendre ſes idées avec nobleſſe, intéreſſer les Juges pour les appliquer; qu'il ait un ton diamétralement oppoſé au langage barbare de la chicane, aussi-tôt on s'écrie : ce n'est pas le stile du Palais ; mais quel est donc ce Palais, & quelle idée veut-on nous en donner ? Si la France, mère des Arts, a banni l'éloquence du Barreau, où l'a-t-elle donc reléguée ? Les Académies en sont les écoles, & non pas les théâtres.

Manes des Démosthènes, Manes des Cicérons, ranimez vos cendres, paroissez dans notre Barreau avec cette éloquence noble & mâle, qui fut l'admiration d'Athènes & de Rome ; mais dépouillez-vous de cette réputation que vous avez si bien méritée, de cette estime universelle que votre nom seul annonce, & que vos talens inspirent ;

nos Orateurs à la mode vous méconnoîtront, & diront que vous n'êtes que des déclamateurs, des faiseurs de phrases.

L'éloquence, dit-on, peut avoir au Barreau des suites funestes ; les Juges sont hommes, & la séduction suit de près l'émotion. Donc si quelques-uns peuvent armer l'éloquence contre la Justice, il est nécessaire que d'autres sachent l'employer pour la bonne cause. Il n'y a que l'usage de l'éloquence qui puisse en réprimer l'abus.

Tandis que les Avocats médiocres déclameront contre l'art oratoire, un homme de génie les laissera déclamer, & gagnera toutes ses causes.

Lélius plaida à Rome une grande cauſe qu'il perdit. Galba plus éloquent plaida la même cauſe, & emporta tous les ſuffrages. L'éloquence eſt-elle donc inutile au Barreau, ou nos Juges valent-ils mieux que les Romains ?

Pour plaider certaines cauſes, il faut avoir bien bonne opinion de ſoi-même, ou bien mauvaiſe opinion des Juges.

Crantor ſe préſente au Barreau. Si l'air de confiance n'accompagne que le bon droit, la cauſe de *Crantor* eſt la meilleure qui ait jamais été plaidée. Sa contenance ſemble vous dire qu'il eſt le premier Orateur de ſon ſiècle. Il donne les éclats de ſa voix pour des raiſons, & ſon verbiage pour profondeur de Juriſprudence. Ce que je conclus de ſon plaidoyer, c'eſt que jamais poitrine ne fut plus forte.

Où ſuis-je? quelle Furie habite ſous ces ſombres voutes? C'eſt l'antre de la chicane qui ſert de veſtibule au Sanctuaire de Thémis. Quelle foule de noirs individus qui s'empreſſent, qui ſe heurtent, qui ſe parlent & s'interrompent, qui s'interrogent ſans oſer s'expliquer, qui ſe répondent ſans ſe comprendre! Quels groupes de ſangſues ſe forment autour de ces colomnes ſiniſtres! Ici l'injuſtice maſquée conſulte ſur les moyens de faire ſuccomber le bon droit. Là l'innocence inquiéte court après l'oracle qui la fuit, qui est sourd & muet pour quiconque n'a que de justes prétentions & les mains vuides. Le barbare Intérêt anime, fait mouvoir tous ces êtres. Quel chaos! quel murmure! qui pourroit entrer dans ces lieux effrayans, sans être pénétré de respect pour les Magistrats qui ont le courage d'y passer la moitié de leur vie, sans être pénétré d'horreur pour le meilleur des procès!

III.

De la Littérature & des gens de Lettres.

TOUT n'eſt pas dit ; car depuis que l'eſprit humain ſemble avoir déployé toutes ſes richeſſes, depuis que les Anciens & les Modernes nous ont laiſſé d'excellens modèles dans chaque genre, on imprime, on débite tous les jours dans la Littérature, des ſotiſes nouvelles.

La vie d'un million d'hommes ne ſuffiroit pas pour lire tous les bons livres. Pourquoi nous laiſſer perdre le tems à en parcourir tant de mauvais ? Un Cenſeur croit avoir tout fait, quand il n'a rien trouvé contre la Foi ou les bonnes mœurs. Eſt-il donc permis d'imprimer contre le bon goût & le bon ſens ?

On a du moins cette obligation aux mauvais Ecrivains, qu'ils forment le goût de ceux qui en ont.

On dit de *N*.... & de *F*... qu'ils ont gâté le goût. Cela eſt mal dit. Ils ont ſeulement inſpiré à ceux qui n'avoient point de goût, l'envie de les imiter. Il y a dans l'ordre littéraire des hommes à part. Quoique ſinguliers, on les loue, & ils méritent d'être loués. Ils ſont nés avec une trempe de génie, unique dans ſon eſpèce, qui les entraîne, & qu'ils doivent ſuivre. Ceux qui veulent les copier forcent la nature, & ne font que de mauvais ſinges.

Lorſque le génie commence à ſe développer, il faut le ſuivre pas à pas, le redreſſer, le réprimer. C'eſt un enfant qui ſe gâtera ſi on ne le corrige.

Il eſt des Ecrivains d'une réputation momentanée. Ce ſont les hommes du jour; ils ſont l'entretien des Cercles, l'admiration de toute une ville; la poſtérité ne les connoîtra pas. Ce ſont des météores qui brillent, qui diſparoiſſent & qu'on oublie.

Philophime, vous êtes jaloux de vous faire un nom dans la Littérature. Je ne vous dirai pas: appliquez-vous ſérieuſement;

formez votre goût ; imitez les anciens ; consultez les grands maîtres. Je vous dirai simplement : rodez autour de la Bastille ou de Vincennes. Si vous y entrez, votre réputation est faite.

Avoir de l'esprit & être homme d'esprit ne sont pas synonimes. La différence est la même qu'entre un homme qui sait & un savant. Ceci n'est peut-être pas plus clair ; mais les gens d'esprit m'entendent, & cela me suffit.

Veillez, suez, échauffez votre sang, ruinez votre santé à méditer & à écrire : les trois quarts & demi de vos concitoyens ne vous liront pas : l'autre demi-quart vous critiquera mal.

Le

Le Génie le plus brillant, l'Ecrivain le plus fécond eſt quelquefois arrêté dans ſa courſe rapide par un ſeul mot qui l'occupe des ſemaines entières : ſituation bien humiliante pour l'orgueil humain !

Un homme qui a paſſé ſa vie à chercher des amuſemens & à ſe les procurer, à ſolliciter des poſtes & à les obtenir, à gagner des richeſſes & à les accumuler, ne ſait pas encore ce que vaut la joie pure & tranquille d'avoir trouvé une belle penſée, & de l'avoir miſe dans un beau jour.

Tous les plaiſirs des ſens ne valent pas ceux de l'eſprit, qui ſeroient le bonheur ſuprême, ſans les plaiſirs de la vertu.

Quelles délices sur-tout pour un Philosophe, que l'étude de l'Histoire ! Je ne crois pas que le plaisir d'apprendre à connoître les hommes, puisse être surpassé que par celui de leur faire du bien.

La connoissance de l'Histoire, quelque usage du monde, & l'habitude de réfléchir, rendent un homme bien habile. La réfléxion, plus que l'âge, donne l'expérience.

Philologue est un homme profond & solide, dont les lumières font honneur à sa Nation. Il est vrai que *Philologue* n'est point initié aux fonctions augustes du Sacerdoce, qu'il n'a aucune part au Gouvernement, qu'il n'est point aſſis parmi les Juges du peuple, qu'il n'expoſe pas ſa vie pour la défenſe de l'Empire; il n'eſt pas même intéreſſé dans la Finance. Son unique emploi eſt de feuilleter ſes livres, & de faire part à l'humanité de ce que l'étude & la réfléxion lui apprennent. *Craſſus* qui fait un métier pour lequel il ne faut ni vertus, ni talens, mais qui donne cent mille écus de rente, dit en parlant de *Philologue*, que c'eſt un homme qui n'a point d'état, & il le dit avec ce ton mépriſant que donne la ſtupide opulence; mais s'il eſt conſtant que le premier état eſt celui d'un homme qui fait profeſſion de penſer, peu s'en faut que l'état de *Craſſus* qui lui paroît ſi brillant, ne ſoit le dernier état.

Vous vous ſentez du talent pour écrire ; croyez-moi, *Philémon*, ſoyez Auteur ; vous avez un moyen de faire fortune qui n'appartient qu'à vous & à vos pareils ; votre père eſt Imprimeur.

Pour s'enrichir dans la Littérature, le talent de faire un bon Livre ne ſuffit pas ; il faut ſurtout celui de s'en défaire.

Pourquoi n'aſſure-t-on pas ſur les fonds publics la fortune de tous les bons Ecrivains ? La dépenſe ne ſeroit pas ſi forte.

La magnificence de LOUIS LE GRAND, aſſura un port tranquille à tous ceux qui auroient eſſuyé les fatigues & les disgraces de la Guerre. La bonté de LOUIS LE BIEN-AIMÉ prépare un asile heureux à la jeune Noblesse destinée à courir les mêmes hazards. Ce que LOUIS XV. fait pour les Elèves de Mars, ne manque pas aux Nourrissons des Muses : ils ont des Ecoles ; mais il manque aux vieux Littérateurs ce que LOUIS XIV. a fait pour les vieux Guerriers, un Hôtel des Invalides.

Théocrine déclame contre son siècle ; il se plaint de ce que les talens ne sont pas récompensés. J'entre dans ses idées, & je lui applaudis tout bas ; je le plains même ; car je suppose que *Théocrine* a instruit ses Concitoyens, que ses ouvrages peuvent être utiles à la Religion ou au Gouvernement, qu'ils font honneur à sa Patrie, à l'humanité. J'apprends que *Théocrine* est Auteur d'un Roman qui, quant à la forme, n'est bon qu'à gâter le goût; & quant au fonds, qu'à corrompre les mœurs.

Courage, *Timante*, vous avez de l'imagination & du stile: osez faire un ouvrage qui ne soit pas du goût de la femmelette & du Petit-Maître.

Un Auteur qui a du talent, n'ose entreprendre un Livre de Bibliothéque; il écrit pour les toilettes. Les gens qui pensent l'estiment autant qu'il le mérite; ils n'en font pas plus de cas que d'une faiseuse de Modes.

Les Livres de toilette ont une destinée assortie à leur espèce : ils ne sont pas plus long-tems en vogue que telle Etoffe ou tel Ruban.

Celse est rampant dans le genre noble. *Mopse* excelle dans le genre trivial. Lequel des deux est le plus méprisable ? C'est un problême.

Tandis qu'*Alcippe* me vante ses ouvrages, qu'il me force d'écouter ses phrases mesurées, ses antithèses, ses grands mots, & tous ces jolis riens dont il a grossi son Livre, il me semble voir un enfant qui triomphe d'avoir bien réussi à faire des boulles de savon.

Il est aisé d'avoir de l'esprit

quand on veut dire tout ce qui ſe préſente. Mais la raiſon & la décence ſont bien plus ſobres que l'imagination, & elles plaiſent moins. Voilà ce que les ſots ne voyent pas.

On aura beau crier contre l'eſprit philoſophique, & dire qu'il nuit aux ouvrages de goût ; la penſée la plus brillante & la mieux tournée ſera toujours pitoyable, ſi elle n'eſt auſſi exactement vraie que le cercle eſt exactement rond.

Mettez d'un côté l'imagination la plus riche, la plus impétueuſe, la plus enflammée ; de l'autre un degré de rectitude de plus dans l'eſprit ; donnez-moi le choix, j'aurai bientôt opté.

Les beaux eſprits blâment tout. Les bons eſprits approuvent peu de choſes. Cela n'empêche pas qu'entre le bel eſprit & le bon eſprit, il n'y ait une prodigieuſe différence.

Si je dis que le génie eſt rare, je n'aurai perſonne contre moi; car qui eſt-ce qui croit n'avoir point de génie, ou qui veut en trouver chez les autres?

Une phraſe qu'il faut relire plus d'une fois pour l'entendre, eſt, dit-on, une mauvaiſe phraſe. La propoſition ſeroit plus vraie, s'il n'y avoit pas tant de ſots Lecteurs.

Le Public eſt-il donc ſi redoutable? Les gens à talens ſont toujours portés à l'indulgence, parce qu'ils ſavent ce qu'il en coûte pour bien faire ; les autres ne méritent pas qu'on s'en inquiete.

Quand un homme à talens monte ſur la tribune, & paroît devant le Public, il doit être bien encouragé par cette penſée qui eſt vraie, que la plûpart de ceux qui vont l'entendre, ne le valent pas.

Lorſqu'on dit que le jugement du Public eſt ſans appel, il faut ſans doute entendre le jugement de la multitude entraînée par le jugement du petit nombre à qui il appartient de décider & de donner le ton.

Je monterois volontiers ſur les toits, & je crierois dans tout l'Empire Littéraire : Esprits sages & solides, Esprits faux & brillans, écrivez ; vous aurez chacun votre lot : la postérité rendra hommage au talent des premiers ; les seconds sont sûrs de plaire à leurs contemporains.

Il est difficile que le métier d'Auteur ne soit pas agréable, puisque les bons Auteurs sont toujours contens du Public, & les mauvais toujours contens d'eux-mêmes.

Aristarque qui est un froid Ecrivain, examine avec un œil critique les productions *d'Anchinoüs*. A force d'examiner, il devine à la fin qu'il y a trop d'esprit ; il triomphe de sa découverte ; il en fait part à qui veut l'entendre.

Ariſtarque a raiſon de ſaiſir ce défaut des ouvrages d'*Anchinoüs*; car c'eſt peut-être le ſeul défaut qui ne ſe trouve pas dans les ſiens.

Les cabales ſont dans la République des Lettres, ce que les Factieux ſont dans un Etat; elles n'excitent pour l'ordinaire que des troubles paſſagers; tôt ou tard le bon goût l'emporte comme l'autorité; les envieux ſont mépriſés, comme les mutins ſont punis.

D'où vient paroît-il un ſi petit nombre de bons ouvrages? C'eſt, je crois, parce que les hommes médiocres qui ſe mêlent d'écrire, ne peuvent écrire que médiocrement; & que les gens d'esprit sont trop présomptueux pour consulter, ou trop paresseux pour corriger.

Mettre en Dictionnaires tous les Arts, toutes les Sciences; c'est annoncer la chûte prochaine des Sciences & des Arts.

Les beaux esprits de notre siècle sont des entr'actes qui amusent, en attendant que les grands Acteurs reparoissent sur la Scène.

La République des Lettres est un Etat plein de Factieux, où chacun a ses Courtisans, ses Flatteurs, ses Espions, ses Armées même, & prétend à la Monarchie.

Euphraste tourmenté d'un démon qui le presse d'écrire, entre dans son cabinet bien avant que l'aurore vienne éclairer les travaux des hommes. Le noble emploi que celui d'*Euphraſte!* Il fait profeſſion d'inſtruire l'univers. Déja ſa verve s'enflamme ; ſa plume ſuit à peine la rapidité de ſon imagination. Penſées neuves, expreſſions fortes, tours heureux, tout ſe préſente à lui : il triomphe, il bat des mains. Que cela eſt beau, dit-il, que cela eſt ſublime ! que je ſuis un homme important à ma Patrie ! que mon nom ſera grand chez la Poſtérité ! Ecoutez *Euphraſte*, faites un choſe plus utile à la Société, plus glorieuſe à vous-même, ſoyez honnête homme.

Tous les talens réunis ne valent pas une vertu.

Chrifologue, vos partifans vous annoncent comme un efprit vafte, fublime, tranfcendant, qui voit tout, qui entend tout, qui fait tout. A les en croire, votre feul individu renferme les talens d'Homère, d'Hérodote & de Pindare. Thalie vous prête fes brodequins plus volontiers qu'à Ariftophanes. Le cothurne de Melpomène vous va mieux qu'à Sophocle : c'eft votre chauffure d'à tous les jours. Vous maniez avec un fuccès égal, & la Lunette de Newton, & le Compas d'Euclide. A ce portrait la multitude ouvre de grands yeux ; elle s'écrie quel homme ! quel génie ! Les gens fenfés qui connoiffent la portée de l'efprit humain, se méfient d'avance de cette universalité de talens. Vos ouvrages paroissent, ils se succèdent rapidement, ils sont dans toutes les Bibliothéques, on les lit, on les dévore : les uns assurent que vous êtes un prodige ; les autres prétendent que vous n'êtes qu'un homme superficiel. Ce qu'il y a de fâcheux pour vous, *Chrisologue*, c'est que ceux-ci sont connoisseurs.

Un Ecrivain qui embrasse tous les genres est un géant aux yeux de la multitude. Les Maîtres dans chaque genre le regardent de plus près, & ne voient qu'un Nain, un Pigmée.

C'est dommage, dit-on, que *Chrisologue* n'ait pas voulu se fixer à un genre, il eût fait des prodiges. Fausse conjecture : ce qui fait les hommes superficiels, c'est moins la vanité de vouloir tout savoir, que l'impossibilité de se fixer à rien. C'est une trempe de génie qui est l'ouvrage de la nature, & qui est peut-être indomptable. *Chrisologue* est superficiel, comme un autre est sanguin ou pituiteux.

Il y a vingt volumes de mes ouvrages, dit emphatiquement le superbe *Arséne* ; mais cela signifie-t-il que chacun de ces vingt volumes est bien pensé, bien écrit, utile, instructif? Cela prouve-t-il qu'*Arséne* est un génie ? Je connois un homme qui lui ressemble. *Clitandre* dit à tout propos qu'il a cent arpens de terre ; & l'on ne sait pas que c'est une terre aride qui ne présente que des ronces. *Arsène* est un grand homme, comme *Clitandre* est un homme riche.

Horace, Virgile, Despreaux, Rousseau, Paschal, la Bruyere ont donné chacun un petit Volume, & leur nom est immortel.

Sciences, Belles Lettres & Arts, tout a été l'objet des recherches de *Capys*. Qui pourroit douter que depuis quarante ans d'Etude, *Capys* n'ait acquis de vastes connoissances ? Oui, *Capys* connoît tout, excepté son orgueil & ses devoirs.

La Morale & la Médecine sont peut-être les seules Sciences qu'il importe à l'homme d'apprendre.

Ajoutons que la pratique de la Morale rendroit presque inutile la connoissance de la Médecine.

Cléon & *Hermas* ont fait chacun un Livre qui est imprimé, qui se vend même, & qui peut-être se lit. Croyez-vous qu'avant que de commencer à écrire, ils ayent mesuré leurs forces, consulté les connoisseurs, médité, approfondi leur sujet, & fait provision des lumières nécessaires pour le bien traiter? Ont-ils évité les redites? Ont-ils craint de piller ce que les bons Auteurs avoient dit avant eux? Se sont-ils appliqués à être clairs, précis, ſolides, inſtructifs? Non, ils ont calculé, ſupputé, & ils ont trouvé qu'avec le Frontiſpice, l'Approbation, le Privilége, la Table & quelques Feuilles blanches, ils n'avoient plus qu'à remplir un certain nombre de pages pour faire un volume d'une groſſeur raiſonnable.

Il y a toutefois de la différence entre *Hermas* & *Cléon*. L'un a la manie d'être Auteur; il veut être imprimé. L'autre eſt avide, & travaille pour l'Imprimeur qui lui paye ſes ouvrages comme on paye à un Huiſſier Priſeur la groſſe d'un Inventaire.

Anthime exige que je lui diſe bonnement ce que je penſe d'un ouvrage qu'il me lit avec emphaſe. Je l'écoute attentivement, & je riſque mon avis que j'appuie de bonnes raiſons. *Anthime* ſe trouble, il fronce le ſourcil, ſon viſage s'altere, il eſt preſque en fureur. Que ne m'avertiſſoit-il d'avance qu'il ne vouloit que des éloges? Il m'eût épargné le déplaiſir de le fâcher, ou celui d'entendre la lecture d'une ſotte production.

Hermodore m'aborde avec un porte-feuille énorme, d'où il me tire une foule d'Ecrits qu'il me ſomme d'écouter. Ce qu'il y a de merveilleux, ſelon lui, c'eſt que telle pièce ne lui a coûté que trois heures; telle autre a été faite preſque auſſi-tôt que le plan en a été conçu; il en a une troiſième de longue haleine qui a été commencée la veille, & qui ſera finie le lendemain. Je vous entends, *Hermodore*, cela ſignifie que vous avez une grande facilité à faire, en très-peu de tems, beaucoup de mauvaiſe beſogne.

Troïle veut ſe donner un air d'érudition ; il parle avec extaſe d'un Auteur Grec ou Latin ; il ſe récrie ſur la nobleſſe des penſées, ſur la beauté de l'expreſſion, ſur la fineſſe des tours. Ne diriez-vous pas qu'il a étudié, médité l'Auteur dont il parle, qu'il le poſsède parfaitement ? Soyez ſûr néanmoins qu'il n'en a pas même lû la traduction, encore moins le texte qu'il n'eût pas entendu.

Des Toiles peintes, des Machines, des Cabrioles, des Sons, des Vers doucereux, des Fadeurs, voilà tout l'Opera. Rien qui intéresse l'esprit; rien qui ne soit propre à énerver le cœur. Cependant on y court & la foule y est, quoique les places s'y payent plus cher qu'ailleurs. Pourquoi cela? C'est que l'Opera est le Spectacle des sens, & que tous les hommes sont hommes jusqu'aux Philosophes inclusivement.

Ce Théâtre a une espèce d'Emule qui est encore beaucoup au dessous de lui. Je parle d'un Théâtre sans intérêt, sans objet; spectacle insolent & lubrique; une sale équivoque en fait le plus ſouvent la baze; des geſtes impudens en forment toute l'action. Il eſt vraiment *Comique* par le ridicule. C'eſt un vrai Spectacle de Foire, fait pour des Laquais, où les honnêtes gens rougiſſent, dont l'entrée devroit être deshonorante pour une femme, & qui ne ſeroit pas tolérable, s'il n'étoit placé entre les Marionnettes & les Danſeurs de Corde.

A l'art d'intéreſſer le cœur, d'exciter les grandes paſſions par des ſituations heureuſes, de n'introduire ſur la Scène que des perſonnages néceſſaires, de ne leur mettre dans la bouche que des choſes raiſonnables, de nouer inſenſiblement l'intrigue, de courir ſans ceſſe au dénouement, de

rendre

rendre le ſentiment, de peindre la nature, a ſuccedé l'art d'éblouir l'eſprit, de faire conſiſter les grands mouvemens dans l'enflure des expreſſions, de faire paroître un Acteur inutile qui vient fort à propos pour en éloigner un autre qui n'étoit pas plus néceſſaire, de débiter emphatiquement des Sentences éternelles, de ſuppléer l'intérêt par des Machines & par des Spectres; ajoutez à tout cela la manie de ſe croire plus grand que Corneille, Racine, ou Crébillon.

A Corneille, à Racine a ſuccédé un Génie nerveux, ſublime, vraiment tragique, Diſciple digne de figurer avec ſes Maîtres. D'autres encore, quoiqu'avec des talens moins supérieurs, ont chaussé le cothurne avec succès. Ils ont donné des Scènes; des Pièces même qui n'eussent pas deshonoré le Créateur de la Tragédie Françoise. Mais Regnard est le seul Poëte Comique qui ait approché de Molière. Ne seroit-ce pas qu'il est plus aisé de suivre Melpomène que Thalie ?

Molière est quelquefois Farceur. Ses Successeurs font bien pis; ils deviennent Tragiques.

Un jeune Auteur qui a du génie, de l'élévation, qui a sué sang & eau pour travailler une Pièce qu'il croit bonne, est bien à plaindre, lorsque modestement caché dans une jalousie, il attend son sort d'une foule de Spectateurs capricieux, ignorans, ou prévenus. Qu'y a-t-il de plus désagréable que cette situation, si ce n'est de voir tomber sa Pièce par le cri universel du Parterre?

Les Athletes se présentent en foule dans la carrière du Théâtre, parce qu'elle est brillante & lucrative. En un seul jour on est connu de toute une Ville, de ceux mêmes qui font profession de ne rien savoir. Le neuvième du produit d'une seule représentation est un gain plus liquide & plus sûr que ce qu'on peut attendre de la probité ou de l'intelligence d'un Libraire. La vanité & l'intérêt font les Auteurs Dramatiques. Pourquoi faut-il que le génie qui fait les bonnes Pièces, ne soit pas aussi commun que l'intérêt & la vanité ?

Dire que les Académies sont la gloire d'un Etat, c'est supposer que l'émulation, la concorde, les connoissances & les vertus font la gloire des Académies.

Lorsqu'un Auteur s'épuise en plaisanteries, en bons mots, pour décrier les Académies, il y a double contre simple à parier qu'il a voulu être Académicien, & qu'il a échoué.

Quand un homme est reçu à l'Académie, le défaut de naissance ou de crédit est la pierre de touche de son mérite.

Paschal & Molière n'étoient pas de l'Académie. On peut

donc n'être point Académicien, & avoir quelque mérite : mais peut-on être de quelque Académie & n'avoir aucun mérite? La chose est du moins physiquement possible.

Il est une critique sage, modérée, judicieuse, amie des talens & de la gloire de l'Etat. Il est une autre critique, amère, chagrine, emportée, qui n'aime que ce qu'elle enfante. L'une est pour les talens une mère tendre qui les corrige avec retenue; l'autre est une marâtre qui les étouffe.

La critique est aisée, dit un Littérateur moderne. Oui, s'il est aisé d'avoir de l'esprit, du goût, de la pénétration, de la finesse & une vaste étendue de connoissances.

Un petit Auteur que la critique a justement attaqué, dont elle a démasqué le foible & le ridicule, s'arme des traits de la vengeance ; le fiel coule de sa plume comme de sa bouche ; il n'épargne à son Censeur, ni les tons de mépris, ni les injures grossières. C'est un enfant bien corrigé qui prend le parti de battre son Régent.

Quand un Plagiaire s'élève contre le métier de Critique, & déprise une fonction si importante, si délicate, je crois entendre un Maltotier qui déclame contre la Chambre ardente.

I V.

De la Société.

UN Fleuve se grossit des eaux que lui portent les Rivières, formées elles-mêmes d'une infinité de petits ruisseaux : image naturelle de la Société, telle qu'elle doit être.

Un grand Fleuve divisé en une infinité de petits Ruisseaux qui fuient loin de leur source, l'affoiblissent sans cesse, & semblent faire des efforts pour n'y jamais rentrer : image trop vraie de la Société, telle qu'elle est.

Le bien public est l'objet des éloges de tous les Particuliers,

& la proie de leur cupidité. C'est un centre où l'on dit bien que tout devroit aboutir, mais où personne ne tend.

Ciceron n'a jamais passé pour brave. Démosthène a fui à la Bataille de Cheronée. Ne seroit-ce pas que dans les Héros mêmes de la Patrie, l'amour du bien public n'est que l'amour propre déguisé ?

Chaque Société a ses usages, ses intérêts, ses principes, son esprit de Corps. Mais qu'est-ce que l'esprit de Corps ? Presque toujours un esprit d'ambition, d'orgueil, d'illusion & de vertige. L'esprit de Corps est la manie des esprits faux ou des esprits foibles.

Après l'esprit de Corps, je ne connois rien de pire que l'esprit particulier.

L'esprit de Corps, comme l'esprit particulier, ne devroit être que la Raison; mais les passions prennent le masque de la Raison, & jouissent de ses droits.

Il y a telles Sociétés auxquelles on préfereroit la solitude des déserts, si les ridicules de l'humanité n'étoient pas divertissans pour l'amour propre.

La Raison dit que pour plaire dans la Société, il faudroit un jugement sain, un cœur droit, un mérite solide, & sur-tout une grande modestie. Il est triste que la Raison soit démentie par l'expérience.

Cliton dans un cercle, tranche, décide, impose silence, veut qu'on l'écoute : si vous le contredisez, il s'irrite ; ne lui répondez pas, il croit que vous le méprisez. *Cliton* a toutefois un moyen d'être content, & ce moyen est le seul : il n'a qu'à se taire.

Quelle abondance d'idées se trouve chez *Euripile!* quelle gentillesse d'expressions! quel singulier tour d'esprit! *Euripile* fait tous les frais d'une conversation ; il pense & il parle par soubresauts : ce qu'il dit est neuf, brillant, inimitable, unique. Pour se faire admirer, il ne lui manque qu'une chose ; c'est de parler devant des gens qui n'aient pas le sens commun.

Eugène & *Dorimon* agitent une matière importante. L'un eſt un Sage qui a de la raiſon & de la droiture ; l'autre eſt un emporté qui a de l'eſprit & de l'orgueil. Le premier établit les principes ; le ſecond les nie. *Eugène* les démontre, & ſans ceſſe il y ramène ſon adverſaire qui s'en écarte ſans ceſſe. *Dorimon* met en œuvre toute ſa mauvaiſe foi ; il ſait par cœur toutes les objections uſées, mais il leur donne un air de nouveauté & de vraiſemblance capable d'éblouir. On lui montre ſes écarts, le vague de ſes raiſonnemens, la malignité de ſes ſophiſmes ; on lui prouve que ſes moyens ont été mille fois rebattus & mille fois pulvériſés ; il n'a plus rien à dire, & il parle toujours : il trouve dans la force de ses poumons une multitude de raisons qui en imposent aux sots. *Eugène* qui a moins de poitrine & plus de lumières, reprend son antagoniste, & le confond ; il ne dit rien que de clair, de précis, d'incontestable. Quelle sera l'issue de la dispute? *Dorimon* va-t-il remercier *Eugène* de l'avoir détrompé? Conservera-t-il du moins quelque estime pour sa droiture & sa modération ? Point du tout. Nos Athletes vont se séparer, en disant, l'un que *Dorimon* est un furieux, l'autre qu'*Eugène* est un imbécille ; heureux encore s'ils le disent tout bas.

Quand on soutient long-tems

une mauvaiſe thèſe, ce n'eſt pas toujours l'effet de l'erreur & de l'illuſion ; ſouvent la raiſon s'eſt rendue, que l'amour propre diſpute encore.

J'ai vu un homme d'eſprit nier obſtinément une vérité arithmétique : on lui diſoit comptez, & il argumentoit. Depuis ce tems je dis ce que je penſe clairement, ſuccinctement ; on conteſte, & je me tais.

Pourquoi vous tourmenter, *Iphis*, ſur une queſtion que vous ne pouvez pas réſoudre ? Pourquoi échauffer votre cerveau à chercher de mauvaiſes réponſes? Que ne dites-vous tout ſimplement? je n'en ſais rien. Il eſt permis d'ignorer quelque choſe ; &

quand bien même vous devriez ſavoir ce qu'on vous demande, ne vaut-il pas mieux paſſer pour un ignorant que pour un fat ?

Antiphile ne ſait rien ; qui en doute ? Il eſt ſans eſprit, ſans jugement ; tout le monde en convient. Il eſt mépriſant, & il n'a aucune ſorte de mérite. D'où peuvent donc venir ſes hauteurs? On le voit aſſez ; ſes hauteurs viennent préciſément de ce qu'il n'a aucun mérite.

Frontin n'a ni talens ni mœurs ; mais il croit avoir les uns, & ſe ſoucie peu des autres. Il fronce le ſourcil quand on l'aborde, détourne la tête quand on lui parle, écoute peu & ne répond rien, retire ſa main ſi vous lui tendez la vôtre; il eſt bien votre ami s'il daigne vous honorer d'un ſourire. Superbe *Frontin*, que ne dites-vous hautement, que vous valez mieux que le reſte des hommes? Il ne vous manque plus que cela pour être le plus mépriſable de tous.

Si un homme qui a du mérite, & qui le dit, eſt un fat; quel nom donner à un fat qui eſt ſans mérite?

Fatuité eſt preſque toujours ſincérité, comme il eſt rare que modeſtie ne ſoit menſonge.

Euſtrate, vous dites bien d'un ton vague, d'un air gêné, que *Damon* a du mérite; mais vous ne citez pas ces faits éclatans, ces anecdotes qui lui ſont ſi glorieuſes. Courage, *Euſtrate*, achevez ſon éloge; que riſquez-vous? Que le mérite de *Damon* ſoit public ou inconnu, vous n'en ſerez pas moins toujours un ſot.

L'art d'avoir de l'eſprit conſiſte ſouvent en une choſe bien ſimple & bien facile; c'eſt de n'en avoir pas plus que les autres.

Il eſt rare qu'on ne s'ennuie pas avec ceux qui cherchent continuellement à ſe déſennuyer.

Il n'eſt pas rare que l'on s'ennuie avec ceux qui veulent toujours vous déſennuyer.

On a donné le nom de Société à un tas de Sycophantes & de Laïs, qui s'aſſemblent pour décrier la vertu, & deshonorer l'humanité.

La décence & l'orgueil ont divisé la Société en deux classes principales : le Peuple & le beau monde. Le beau monde passe le tems à ne rien faire, ou à faire le mal, à jouer ou à médire. Il emprunte & ne paye pas. Il cherche à séduire l'innocence & la probité. Il est sans mœurs, & ne veut pas que l'on en ait : donc le beau monde, c'est le monde corrompu.

On a observé avant moi, que les noms de baptême du beau monde ne sont pas dans le Calendrier. De même les doux noms de père, de mère, de frère & de sœur, & tous les noms que dicte la nature, sont proscrits par le bel usage. Cela ne voudroit-il pas dire que chez le beau monde il n'y a ni Religion, ni humanité ?

J'ai vu un homme ruſtique appuyé ſur ſa charue, invitant la terre à le payer de ſes travaux. J'ai vu un Petit-Maître aſſis devant ſon miroir, étudiant ſes geſtes, & cherchant à ſe compoſer un viſage. Je me ſuis demandé, lequel de ces deux hommes eſt le plus utile à la Société ? En réfléchiſſant, j'ai compris que tous deux pouvoient la ſervir ; l'un en fourniſſant par ſon travail les choſes néceſſaires à la vie ; l'autre en montrant juſqu'à quel point l'homme peut s'avilir & ſe dégrader.

Les Petits-Maîtres peuvent

être utiles comme ces Esclaves de Sparte qu'on enyvroit, pour inspirer aux enfans l'horreur de l'yvrognerie.

Qu'entend-t-on par un homme de Société, sinon celui qui est admis dans tous les Cercles, qui se trouve à tous les Spectacles, qui est de toutes les parties de plaisir ? Un homme de Société est presque toujours un homme inutile à la Société.

S'il y a tant de gens ouvertement vicieux, c'est peut-être un peu la faute des gens de bien qui les voient familierement, les admettent à leur table, paroissent avec eux dans les places publiques. Si on les abandonnoit à eux-mêmes, cette solitude rendroit leur infamie plus frappante; ils ne feroient plus qu'un corps odieux à la Société; la honte feroit peut-être alors ce que le devoir ne peut faire. On ne doit à l'ordre civil que la tolérance des ridicules & des petits défauts ; jamais celle des vices essentiels.

Il faut convenir toutefois que le parti des honnêtes gens ne feroit pas le plus fort.

On se méfie d'un homme d'esprit qui souvent ne pense à rien moins qu'à tromper. On ne se méfie pas d'un sot, & on est sa dupe.

Entre n'être pas dupe & être honnête homme, le sentier est étroit.

Un bon cœur sans esprit est

une ſource féconde en ſotiſes.

Les caractères froids & unis reſſemblent à certaines Beautés fades qui ne plaiſent pas tant que d'autres moins régulières, mais plus piquantes.

Il a peut-être été un tems où l'on étoit ſurpris de la malice, de la fourberie, de la ſcélérateſſe des hommes.

En voyant ces portes, ces ſerrures, ces verrouils énormes avec leſquels on ſe barricade, on croiroit que tout cet appareil eſt pour ſe garantir de l'incurſion des bêtes féroces, ſi l'on ne ſavoit que les hommes ſont pires que les lions & les tigres.

Qu'eſt-ce que cette Société dont vous me vantez les douceurs, vous diroit un *Cannibale?* Et si vous lui montriez cet amas d'hommes unis par le besoin & divisés par l'intérêt, cette foule d'individus doués de raison, & plus encore de malice, qui s'épient, qui se traversent, qui se supplantent, qui se déchirent, qui s'égorgent même en se caressant, ne seroit-il pas encore en droit de vous dire : où est donc la Société?

La vie civile, à tout prendre, vaut mieux que le Systême de nos Philosophes Misanthropes qui aiment toujours la Société, ne fût-ce que pour avoir le plaisir d'en dire du mal.

Quand l'instinct de la nature ne nous diroit pas que nous sommes appellés à la Société, la Morale qui est l'ouvrage de l'Auteur même de la Nature, le suppose par-tout.

Si l'on est forcé de convenir que la Morale est l'ouvrage du Créateur, tout est dit à cet égard, & le Monde est comme il devoit être.

Le cœur de l'homme est pour un autre homme un abîme impénétrable : tant mieux ; la Société y gagne beaucoup plus qu'elle n'y perd.

Baldus né dans un état médiocre, refuse de rendre aux Grands ce qu'il leur doit. Il prétend que tous les hommes sont égaux, que le mérite seul les distingue, que les prééminences établies dans l'ordre civil sont fondées sur le préjugé. Attendez qu'un homme du peuple manque d'égards ou de respect pour *Baldus ;* vous le verrez s'indigner, s'emporter, & s'il ne se vange pas, il est démontré que ce sera faute de puissance.

Se prêter à toutes les bienséances, sans manquer à aucune vertu, c'est le propre d'une ame solide, robuste, vraiment grande.

Diogène ne prend la plume que pour écrire contre les hommes, & fronder leurs opinions. Il réprouve tous les usages, toutes les bienséances. C'est assez qu'un principe soit reçu pour qu'il le combatte ; il appelle vérité

rité ce que tous les autres regardent comme paradoxe; il impute au talent les écarts de ceux qui en abusent comme lui-même abuse du sien. Sa valeur ne se borne pas à lutter contre quelques adversaires, il attaque des peuples entiers: que dis-je? c'est à l'Univers qu'il en veut. On diroit que la Raison bannie de toutes les têtes, s'est refugiée dans la sienne. Il prétend rappeller le genre humain à son état naturel qu'il a deviné; il voudroit que tous les hommes vécussent en Caraïbes; il les trouveroit encore mieux, s'ils étoient Anthropophages. Mais dites-moi, *Diogène*, si votre systême pouvoit prévaloir, si les hommes alloient se désunir, vivre dans des antres, & brouter l'herbe, que deviendroit votre gloire? Que feriez-vous de votre mérite, de cette hardiesse dans les idées, de cette force dans l'expression si justement applaudies, & dont vous faites tant parade? Dites donç, ô *Diogène*, où en seroit votre amour propre, si vous étiez réduit à être l'Orateur des bêtes fauves?

V.

Des Femmes.

J'ATTENDS & je ne verrai probablement pas le tems où les Hommes ſeront en droit de dire du mal des Femmes.

Un Homme ouvertement vicieux eſt un Homme à bonnes fortunes, un Homme galant, un aimable Homme. Une Femme au contraire dont les foibleſſes ſont connues, eſt une Femme deshonorée qu'une autre Femme ne ſauroit voir ſans ſe perdre de réputation. Cette différence d'idées eſt ſans doute un préjugé injuſte; mais tout injuſte qu'il eſt, ce préjugé eſt utile, & j'oſe dire qu'il n'eſt point aſſez fort, puiſqu'il ne rend pas les Femmes plus délicates ſur l'honneur.

Quand on penſe que malgré le penchant naturel, le poiſon des louanges, le danger de la ſéduction, la violence des attaques, les Hommes font un crime aux Femmes de leurs moindres écarts, on eſt forcé de convenir que les Hommes ont une haute idée du Sexe, & qu'ils lui ſuppoſent bien plus de force & de vertu qu'à eux-mêmes.

Liſe qui eſt un monſtre de licence, eût peut-être toujours été un modèle de vertu, ſi elle n'eût pas connu *Créſiphon* qui triompha de ſa pudeur, & l'enhardit au crime. De quel front les Hommes reprochent-ils donc au Sexe des désordres qui sont leur propre ouvrage? Je ne connois qu'un préjugé qui soit aussi criant, & qui n'est pas moins commun ; c'est de vouloir que le désordre d'une Femme soit l'opprobre de son Mari.

Tant qu'il y aura des Hommes desœuvrés, inutiles, dissolus, incapables de réfléxion & d'amitié, on ne croira point que la bonne Compagnie puisse subsister sans les Femmes.

Il faut jouer, dit-on, pour être bien venu chez les Femmes. Ce propos est leur opprobre ; elles devroient concerter ensemble pour empêcher qu'il ne soit fondé.

La Bruyere a demandé où ſont les Loix & les Edits qui défendent aux Femmes d'être Savantes. La réponſe eſt que la Mode ne veut pas qu'elles le ſoient, & que la Mode eſt plus puiſſante que les Edits & les Loix.

Il y a telle Femme qui ſe ruine pour fournir à la dépenſe d'un bel Eſprit qu'elle admire & qu'elle n'entend pas.

Quand une Fille eſt riche, jeune, jolie, & qu'elle chante bien, que peut demander davantage un homme qui veut épouſer? Il eſt conſtant néanmoins qu'un Homme ſage ne demande point tout cela. Peut-être qu'un plus ſage demande tout le contraire.

De quoi vous plaignez-vous, aimable *Julie?* L'injuſte *Corine* vous décrie par-tout où vous n'êtes pas. Lorſqu'elle eſt avec vous, elle ne vous regarde pas, ou vous regarde avec mépris. Si vous lui parlez, elle ne vous répond point : parlez-vous à d'autres, elle vous coupe la parole, & vous empêche de dire des choſes raiſonnables & ſpirituelles. C'eſt une eſpèce de démon acharné après vous, qui ne cherche qu'à vous mortifier. Que lui ai-je fait? dites-vous. Ce que vous lui avez fait? Vous l'avez vivement offenſée; vous êtes plus jolie qu'elle.

L'Homme galant eſt l'eſclave & le jouet du Sexe. L'honnête

Homme eſt l'ami des Femmes, & leur conſeil. L'Homme galant adore juſqu'à leurs caprices; l'honnête Homme les ſupporte tant qu'ils n'intéreſſent ni la décence, ni le devoir. L'Homme galant n'enviſage que la beauté; l'honnête Homme n'eſt ſatisfait que [illegible] bon caractère. L'Homme galant eſt reſpectueux vis-à-vis de toutes les Femmes qu'il idolâtre; l'honnête Homme ſait diſtinguer les Femmes ſolides qu'il reſpecte, d'avec les Femmelettes qu'il mépriſe. Ce qui pourroit nous donner une idée aſſez nette du Sexe, c'eſt qu'en général les Femmes aiment mieux un Homme galant qu'un honnête Homme.

Que les Femmes connoiſſent tous leurs avantages ; il n'eſt rien qu'elles ne puiſſent obtenir. Qu'elles aient le bien pour objet ; qu'elles uſent des droits que leur donne l'empire de la beauté, pour porter les Hommes à la vertu. C'eſt peut-être à elles ſeules qu'il appartient de réformer le Monde, de changer la face de l'Univers.

Sophie étoit née pour faire le bonheur d'un honnête Homme, & elle remplit ſa deſtinée. Nouvelle Cornélie, elle pourroit dire en montrant ſes fils, *voilà ma parure & mes bijoux*. A un mérite ſupérieur elle joint ce qui fait le prix du mérite, une extrême modeſtie. Qui ſait mieux qu'elle tenir ſa place dans un Cercle, narrer avec préciſion, développer ſes idées avec clarté, s'exprimer avec élégance? Mais tout ſon eſprit ne vaut pas ſa vertu. *Sophie* eſt pieuſe, & ſa piété ne déplaît point à ſon Mari; ſes Domeſtiques mêmes ne s'en plaignent pas. La Bienfaiſance l'accompagne dans ſes Terres, où elle brave la rigueur des ſaiſons & la difficulté des chemins, pour aller ſecourir les malheureux. Elle ne penſe pas qu'il ſoit au deſſous de la Nobleſſe de ſervir l'humanité. Qu'elle eſt grande ſous cet air de ſimplicité! & que les Hommes ſeroient petits, ſi toutes les Femmes étoient de la taille de *Sophie*!

VI.

De l'Amitié.

TOUS les Livres qui ſont l'éloge de l'Amitié, qui en expoſent les devoirs, ſont des eſpèces de Satyres contre les Hommes.

Tous les Traités de l'Amitié ſont des Livres inutiles. Ils ne corrigeront pas les cœurs faux; les bons cœurs n'en ont que faire.

Le crédit, l'opulence, les talens, les vertus mêmes & l'eſtime réciproque ne ſont guères que les appuis de l'Amitié : la ſeule ſimpathie en eſt presque toujours le principe.

Combien de gens qui s'eſtiment mutuellement & ne s'aiment pas ! Combien qui s'aiment & ne s'eſtiment pas !

L'Amitié ne ſe répand point en paroles, mais elle agit ſans ceſſe ; ces prétendus amis qui ne parlent que de leur cœur, reſſemblent à ces poltrons qui ne parlent que de bravoure & de combats.

On a dit mille fois que les gens à démonſtrations n'étoient pas les meilleurs amis. On l'a dit, on le dit encore, & ceux qui le diſent en ſont les premieres dupes.

Quelle fortune vous eſt ſurvenue, *Elpidas ?* La joie éclate dans vos yeux, dans tout votre maintien. Cher *Elpidas*, je vous en conjure par l'amitié que je vous ai vouée, instruisez-moi de votre bonheur. Je sors de chez *Drusus*, me répond *Elpidas*, le connoissez-vous? beaucoup. C'est le meilleur cœur, le caractère le plus ouvert! vous dites vrai. Il est puissant à la Cour, son crédit est immense; je le sais: mais que s'ensuit-il? Il vient de m'accabler de caresses; il me serroit dans ses bras; son ame, en me parlant, étoit toute entière sur ses lèvres; il m'a promis de faire tout pour moi, & je serai avant peu .... Vous ne serez rien, *Elpidas*. *Drusus* a du crédit, de la sincérité, de la bonne volonté; il pense tout ce qu'il dit, il peut tout ce qu'il promet ; mais venez à bout de lui faire faire une démarche.

Vous rencontrez *Acis* qui eſt vêtu ſuperbement. *Acis* a vécu familierement avec vous, il vous a des obligations, vous n'êtes point brouillés. Cependant il ſe détourne ; ſes regards fuient les vôtres. Vous êtes outré de ce procedé. Que vous êtes injuſte ! C'eſt vous qui avez tort. Comparez votre habit avec celui d'*Acis*.

Demain on fera votre éloge en préſence d'*Acis*, & il dira hautement que vous êtes ſon ami intime. Ce malheur eſt encore votre faute. Pourquoi avez-vous du mérite ?

Je voudrois qu'on pût faire assigner en réparation d'honneur, certaines gens qui ont osé avancer publiquement qu'ils étoient de vos amis.

Vous exposez à *Philinte* les torts de *Dorilas* votre ami commun. *Philinte* les avoue, il les exagère, il vous fait confidence des griefs qu'il a contre *Dorilas*. Il l'accuse, il le déprime, il convient que c'est un homme qui ne mérite pas d'avoir un ami; puis il vous quitte brusquement pour une affaire pressée; il va faire sa cour à *Dorilas*, & lui dire du mal de vous.

Croire que tous les hommes sont honnêtes gens, & se comporter avec tous comme s'ils étoient des fripons : maxime détestable qui décèle un caractère incapable d'amitié. Il vaut mieux être trahi par son ami, que de lui manquer de confiance.

Qui ne sait pas être dupe une fois, ne sait pas être ami.

O *Crassus*, couvre ta table des mets les plus rares, les plus exquis, les plus variés. Que le glouton & l'homme sensuel trouvent également de quoi s'y satisfaire. Un cercle assidu de Parasites ne manquera pas de venir s'y ranger. A mesure que les services se multiplieront, tes Convives deviendront plus affectueux. Bientôt au milieu des fumées du Champagne & du Chypre, ils t'accableront de caresses ; ils te prodigueront des éloges, & tu diras que tu as des amis. Tu connois bien peu ce que vaut l'amitié, si tu prétens l'acheter à si vil prix.

Parmenon vous est fort attaché, dites-vous; il vous rend des visites assidues; il vous suit jusques dans vos Terres. Je comprends que *Parmenon* est un homme de votre connoissance. Mais, ajoutez-vous, il me prévient sur tout, il dit du bien de moi dans tous les Cercles, il prend part à ma joie, il me console dans mes chagrins. Il pourroit bien se faire que *Parmenon* fût votre flateur. Observez encore une chose. Vous êtes riche & puissant; si *Parmenon* a le courage de vous avertir de vos défauts, soyez sûr qu'il est votre ami.

Un véritable ami eſt un Cenſeur fidèle ; ſans cela l'amitié n'eſt qu'un vain nom. On en convient ; cependant tout le monde veut des amis, & perſonne ne veut de Cenſeurs.

Argante pourroit ſervir ſes amis, mais il craint d'uſer ſon crédit ; il veut le ménager pour lui-même. *Argante* mourra ſans avoir rien obtenu pour lui, ni pour les autres.

Un homme qui appréhende d'uſer ſon crédit, n'eſt pas un faux ami ; c'eſt un monſtre indigne de vivre.

Si quelqu'un n'eſt pas impatient de ſe trouver avec celui à qui il vient de rendre un ſervice eſſentiel, il peut ſe vanter d'être ami.

Celui qui ſert ſes amis à leur inſçu, ne peut être ſurpaſſé en générosité que par celui qui en feroit autant pour ſon ennemi.

Il y a bien moins de grandeur d'ame à être touché du malheur de ſon ami, qu'à être ſenſible à ſon bonheur. L'un eſt le ſentiment de la nature, l'autre eſt le comble de la vertu.

Pamphile en agit mal ; nous nous plaignons de lui, & c'eſt à juſte titre. Si la conduite de *Pamphile*, toute injuſte qu'elle eſt, tournoit à notre avantage, nous voudrions du moins pouvoir le juſtifier. O amour propre !

Cicéron & Hortenſius furent toujours amis, quoique rivaux de gloire. L'exemple eſt rare, &

peut-être ne ſubſiſteroit-il pas ſans Atticus qui étoit leur ami commun, & qui n'avoit pas de prétentions.

Il eſt des hommes qui ſont petits vis-à-vis des Grands, & durs avec leurs égaux ; il faut qu'ils priment ou qu'ils rampent : ils ſont eſclaves ou tyrans, ils ne ſont point amis.

Si toutefois vous voulez conſerver leur ſociété, rendez-vous utile ou redoutable ; ſans quoi vous êtes pour eux comme ſi vous n'exiſtiez pas.

Le bel appartement que celui qui ſeroit tapiſſé des Portraits d'une demi-douzaine de vrais amis !

J'entends de tous côtés crier

à l'ingratitude; mais comment ſe peut-il qu'il y ait tant d'ingrats? il y a ſi peu de bienfaicteurs!

C'eſt peut-être auſſi parce que les bienfaicteurs ſont ſi rares, que l'ingratitude eſt plus monſtrueuſe.

Ménalque n'a pas oublié qu'il vous a rendu ſervice: mais il ne penſe point aux délais, aux humeurs qu'il vous a fait eſſuyer, aux airs de hauteur & d'empire dont il accompagna ſon bienfait. Parce que vous n'êtes pas l'adorateur de ſes caprices, le flateur de ſes défauts, parce que vous n'êtes pas aſſidu à ramper devant lui, il vous taxe d'ingratitude. *Ménalque* ignore-t-il donc que c'eſt faire grace à de tels bienfaicteurs, que d'oublier leurs bienfaits ?

Il y a des bienfaits qui rappellent naturellement à un honnête homme qui les reçoit, le précepte indiſpenſable du pardon des injures.

VII.

Des Dignités.

UN Sceptre & des flateurs furent les premiers objets qui frapperent les regards de TITUS. A peine sorti du berceau, il monta sur le plus beau Thrône de l'Univers; il fut le Maître d'un Empire vaste & florissant; il ne vit autour de lui que des hommes soumis à sa puissance, & dévoués à ses volontés; il sut qu'il étoit Roi avant qu'on lui eut dit qu'il étoit homme. Au milieu de ces écueils, TITUS a conservé ce fonds d'humanité qu'il avoit reçu de la nature. L'air de grandeur qui règne dans toute ſa perſonne, eſt temperé par le ton de bonté qui l'accompagne. Son front majeſtueux inſpire également la confiance & le reſpect. Il aime à ſe dépouiller des dehors faſtueux du pouvoir ſuprême, pour jouir à loiſir des douceurs de l'amitié ; il ne ſe croit jamais plus heureux que lorſqu'il peut oublier qu'il eſt le Maître. Ses ennemis défaits ont admiré, ont chéri leur Vainqueur, en voyant ce que la Renommée n'avoit pu leur perſuader. Si les Grands ne ſont guères placés à leur avantage que dans le lointain, quelle eſt donc la gloire de TITUS, puiſque plus on le voit de près, plus on l'aime ?

Un Roi qui eſt né Roi & qui eſt bon Roi, eſt né ſans contredit le meilleur de tous les hommes.

GERMANICUS emploie les jours qu'il paſſe auprès du thrône à régner ſur lui-même; ſon cœur fait le bonheur d'une jeune Héroïne qui expoſa ſa vie pour conſerver la ſienne, & ſauva du même coup ſon Epoux & l'Etat. Briguez-vous la protection ou l'amitié de GERMANICUS? Souvenez-vous que la vertu doit être votre premier titre. Dans un rang où les plaiſirs n'attendent pas qu'on aille au-devant d'eux, GERMANICUS les fuit; il aime l'étude plus que tous les amuſemens, & la piété plus que l'étude. Le malheur d'autrui le tourmente & l'afflige ; il penſe ſouvent & efficacement aux beſoins des malheureux ; tout ce qui intéreſſe l'humanité lui eſt cher. Qu'il eſt doux pour un Peuple idolâtre de ſes Rois, d'avoir le plus humain des Monarques, & dans ſon héritier, le meilleur des Princes !

Bien des gens ont dit du mal de la Cour, les uns par deſeſpoir de pouvoir jamais y tenir un rang, les autres par dépit d'y avoir échoué.

La Cour eſt un pays où l'on paye trop cher l'honneur de ramper.

Un Sage à la Cour eſt comme un Voyageur qui a le plaiſir

d'examiner les mœurs d'un pays étranger, & n'eſt point aſſujetti à payer les Impôts.

Les Peuples ſeroient fortunés, ſi l'Empereur étoit Philoſophe, diſoit le ſage ANTONIN. Heureuſe contrée qui jouis de ce prodige ! Celui qui te gouverne aujourd'hui fut autrefois jugé digne du thrône par un Prince, le Vainqueur des Rois, par ſa Nation, Nation ſage & belliqueuſe à laquelle il faut des Héros. Roi, quand il eſt le jouet de la Fortune, Père, quand il commande aux Peuples, Monarque Citoyen, Ami des Sciences, Ami des Arts non par faſte, mais par eſtime ; il les invite, les raſſemble, les couronne avec tendresse, les cultive avec succès : Protecteur zélé de la Foi, son zèle est le fruit de ses lumières : la Religion, la Patrie se réunissent pour lui promettre l'immortalité : l'Europe le félicite d'avoir donné à la première Monarchie du monde, la plus vertueuse des Reines.

Un homme seul, pour peu qu'il ait de génie & d'autorité, subjuguera toujours un corps ; vérité prise dans la nature de l'homme, & qui est l'apologie de la Puissance Monarchique.

Pour l'Univers, un Maître ; pour l'Etat, un Monarque.

Quand une Société est saisie du Gouvernement, la pluralité des suffrages est la loi : une voix de plus fait le ſalut ou la perte de l'Etat, & il arrive quelquefois que c'eſt un Faquin qui décide.

Un Tyran meurt; une Société de Tyrans ne meurt pas.

La Politique qui fait la gloire des grands Miniſtres, eſt peut-être l'opprobre de l'humanité.

Les grandes fautes en Politique, viennent preſque toujours de ce que l'on ne fait pas uſage des grands principes. Une petite circonſtance, un léger inconvénient, un intérêt préſent l'emportent ſur le bien général, & entraînent la maſſe des affaires. Ces fautes qui ſont irréparables, ſont quelquefois ſi lourdes, qu'on en ſeroit tout étonné, ſi on ne ſavoit pas que ſouvent ceux qui regardent jouer, jugent mieux des coups que les Joueurs.

Le grand Univers ſe gouverne comme le petit: je veux dire que les bons Miniſtres ſe conduiſent comme les bons Médecins. Dans l'Ordre Politique, tout ce qui répugne aux principes reçus, tout ce qui eſt hors de la route frayée par les grands Maîtres, n'eſt qu'illuſion & que charlataniſme.

Un homme vain, quelque ambitieux qu'on le ſuppoſe, eſt incapable d'entrer dans le ſecret du Gouvernement. Il eſt vrai que l'ambition va continuellement à ſes fins; mais la vanité a ſes momens, elle vient à la traverſe,

& trahit l'ambition. L'art du secret consiste même à cacher que l'on fait des secrets.

La multitude des connoissances n'est pas nécessaire pour le Gouvernement ; il ne faut que peu de principes clairs, évidens, invariables, & un esprit juste pour en tirer les conséquences.

Pour être un Politique habile, il faut du génie, de l'expérience, de la réfléxion, de la prudence. Pour être un Politique utile, il faut de la probité, du courage, & une autorité presque sans bornes.

Dans un Etat, quel qu'il soit, la clémence des Maîtres n'est pas toujours le meilleur sistême. On peut quelquefois pardonner à un

Particulier qui se repent : c'est la voix de l'humanité. Dès qu'un corps se mutine, il faut l'écraser ; c'est le cri de la Politique.

Antiste ne parle que de Politique, d'Esprit de Gouvernement ; il se croit capable de régir l'Univers. A l'entendre, il a dans sa cervelle des ressources sans fin ; les plus grands obstacles, les plus terribles revers ne le déconcerteroient pas, & il perd la tête quand son Valet lui manque de respect, ou brise une soucoupe.

Il faut admettre dans un Etat la différence des conditions, elle est indispensable. L'homme de Naissance doit même être employé préférablement au Roturier; mais c'eſt en ſuppoſant le mérite égal de part & d'autre; car dans les gens en place, un dégré de mérite de plus, importe plus à la Société que dix ſiècles de Nobleſſe.

On voudroit, pour l'intérêt de la Société, que les Charges ne fuſſent point vénales, qu'elles fuſſent toutes données au mérite: le projet eſt beau; mais ſi l'argent ne conduiſoit plus aux Dignités, reſteroient encore la prévention, la faveur & l'injuſtice, qui ſubſiſteront tant qu'il y aura des hommes.

O vous, qui avez des talens, qui vous ſentez aſſez de courage pour protéger la vertu & récompenſer le mérite, courez, volez aux Dignités, le bien public vous y appelle. La modeſtie n'eſt plus de ſaiſon, quand la ſcélérate ambition s'empare des poſtes.

Si j'étois en place, j'encouragerois les talens, je n'employerois que les gens de mérite, je ſerois le protecteur de l'innocence, le fléau de l'injuſtice. Fauſſes idées ! illuſion pure ! Vous ſuppoſez donc que vous n'auriez point de flateurs, point de paſſions ; que vous pourriez tout voir par vos yeux ; que chez vous la volonté ſeroit toujours conforme au devoir ? J'aimerois autant dire, ſi j'étois en place, je ne ſerois plus homme.

Le beau poſte que celui qui

mettroit un homme à portée de faire des heureux, sans faire des mécontens !

Les gens de Province qui ont des amis dans la Capitale, croient que leurs affaires sont terminées dès qu'ils nous en ont chargés. La justice de leurs demandes ne leur laisse pas là-dessus le moindre doute. Si nous manquons de réussir, ils pensent que nous sommes de mauvais cœurs. Nous disons nous qu'ils sont des imbécilles. Ils se persuadent que les gens en place sont toujours prêts à écouter ceux qui ont droit de se faire entendre ; qu'ils ont toujours le tems de rendre justice ; qu'on est toujours bien venu à la demander. Nous avons raiſon de le dire : les Provinciaux ſont des imbécilles.

Par quelle fatalité les gens en place voient-ils plus ordinairement les obſtacles que les moyens ?

D'où peut venir ce trouble ſecret, ce ſerrement de cœur qu'éprouve un honnête homme lorſqu'il monte l'eſcalier d'un Grand à qui il va demander un poſte ? Seroit-ce d'un fond de modeſtie qui lui empêche de ſentir tout ce qu'il vaut, ou de l'expérience qui lui a montré que pour ne pas obtenir une place, il ſuffit ſouvent d'en être digne ?

Je ſuis jeune encore, mais j'ai quelque uſage du monde, & j'ai appris entre autres choſes que pour obtenir une récompenſe précisément dans le tems où elle ſera dûe, il faut la ſolliciter quinze ans avant que de la mériter.

Il n'y a que la jalouſie qui puiſſe s'élever contre les droits de la naiſſance ; il n'y a que la fatuité qui puiſſe s'enorgueillir de ces droits.

Thraſon qui eſt un homme ordinaire, eſt né de parens illuſtres dont il vante la nobleſſe ; il cite les ſervices qu'ils ont rendus à l'Etat ; il vous prouve, à n'en pas douter, que pluſieurs de ſes Ancêtres ont bien mérité d'Henri iv. & de François i. *Ariſte* qui a fait ſa fortune par ſon mérite, eſt né d'un père obſcur qu'il reſpecte, qu'il chérit tendrement, qu'il embraſſe en public, & qu'il appelle ſon père. Il eſt évident que *Thraſon* eſt Gentilhomme, & qu'*Ariſte* eſt un grand homme.

Il y a des Lettres de nobleſſe pour les talens; pourquoi n'y en a-t-il point pour les vertus?

Quel monſtre dans la Société, qu'un mauvais Citoyen qui eſt noble!

Timagêne, ſois auſſi vertueux que tes ancêtres étoient riches; tu n'as que ce moyen d'effacer l'ignominie de cette nobleſſe qu'ils t'ont acquiſe à prix d'argent.

Les Grands qui ſont fiers ſont mépriſables, on l'a dit: j'ajoute ce qu'on n'a peut-être pas dit;

ils sont stupides, puisqu'ils ne sentent pas que leur fierté les fait mépriser.

Lequel est le plus grand dans la Société, de l'homme rustique qui cultive la terre & qui élève sa famille, ou du très-haut & très-puissant Seigneur qui affronte le Marchand & deshonore les Femmes ?

La grandeur des Héros consiste à cacher leur petitesse. Il n'est pas d'homme, si sage qu'on le suppose, qui n'eût à rougir, plus d'une fois le jour, des folies qui occupent son imagination.

J'entends dire que *Dorus* a de grandes Charges, de vastes Domaines, de superbes Palais ;

je ne demande pas si *Dorus* est un homme de naissance ou un homme de fortune; je demande seulement si *Dorus* est un homme.

Les gens du monde rient d'un Moine qui aspire aux Dignités de son Ordre. Mais qu'est-ce que l'ambition d'un Moine a de plus ridicule que celle d'un Courtisan? Tout ce qui ne peut servir à rendre meilleur, est également vil, & dans la balance de la Raison, un Provincialat pèse autant qu'un Gouvernement.

Enfans de la faveur & de la fortune, dites perpétuellement, *mes Titres, mon Château, ma Meute, mes Gens.* Celui-là est bien au dessus de vous, qui peut dire, *ma Liberté, mon Repos.*

Clitiphon qui a de grands Titres, de grands Biens, & de plus grands travers, avoit pris en amitié *Sophronime* qui le vaut bien, puiſque ſes vertus ſont ſes titres; & qui eſt plus riche que lui, puiſque ſans biens, il mépriſe la fortune. *Clitiphon* avoit donné toute ſa confiance à *Sophronime*; il admiroit la juſteſſe de ſes raiſonnemens, la délicateſſe de ſon eſprit, la droiture de ſes vües, la bonté de ſon cœur; il ne parloit que de lui. Le voilà cependant chaſſé d'une Maiſon où l'on n'étoit introduit que par lui, où il diſpoſoit de la faveur du Maître. Quelle peut être, ô *Sophronime*, la cauſe d'un changement ſi ſubit? Auriez-vous malversé ? Votre mauvaise foi auroit-elle été reconnue ? Je vous entends : vous avez osé avertir *Clitiphon* de ses écarts, & vous avez eu l'insolence de lui donner de bons conseils.

Je suis quelquefois tenté de sortir de mon cabinet, & de courir comme tant d'autres après la fortune. J'apprends que *Périandre* qui protège *Cléon*, vient de lui donner un poste dans un genre qui seroit de mon goût ; je me hâte de reprendre mes Livres, & je renouvelle mon serment de fidélité aux Muses, effrayé de l'idée de devenir le Confrère d'un tel protégé, ou de faire ma cour à de pareils Protecteurs.

Demander d'un homme ce

qu'il eſt, ou demander à quoi il eſt bon, ſont deux queſtions bien différentes. Il y a tant de gens qui ſont beaucoup, & qui ne ſont bons à rien.

Timon ſe lève dès le point du jour, pour terminer, ou du moins pour avancer quelques affaires importantes & difficiles. Son plan étoit pris dès la veille ; il avoit même congédié ſes amis incontinent après le ſouper ; il avoit ordonné à ſes gens de l'éveiller avant le jour. Le voilà donc diſpoſé à ſe débarraſſer de bien des choſes qui l'inquietent depuis long-tems. Déja l'action de l'eſprit ſe peint chez lui dans le mouvement du corps ; ſon parquet gémit ſous ſes pas précipités. Mais que fait là *Timon*, depuis tant d'heures qu'il se promène? Cherche-t-il des expédiens? Il doit en avoir trouvé plusieurs, & sans doute qu'il n'est plus embarrassé que du choix? Non, il pense seulement qu'il a des affaires; il n'agit point, il est agité. Malheur à qui viendra le troubler dans cette situation. Mais de grace, *Timon*, mettez-vous à l'ouvrage; ignorez-vous que l'on ne sauroit finir avant que d'avoir commencé? Qu'entends-je? *Timon* est en courroux, on vient de lui annoncer des personnes qui ont des choses pressantes à lui dire. Il voudroit bien se dispenser de les voir; mais elles sont dans l'antichambre, il est difficile de reculer. *Timon* permet qu'elles entrent, & son premier regard les avertit de sortir. Il emploie plus de tems à les fâcher, qu'il n'en faudroit pour les entendre & les satisfaire. Il ne travaille ni pour lui, ni pour autrui. Vous devinez, dites-vous, que la journée va se passer toute entière, sans que *Timon* ait rien fait. Pardonnez-moi, il aura fait des mécontens.

VIII.

De la Fortune.

ON déclame contre la grandeur & l'opulence, on affecte de mépriser tout ce qui n'est pas mérite personnel, on s'efforce de distinguer la personne d'avec la Fortune, & malgré cela nos Philosophes y sont les premiers pris.

La Philosophie, disent les Sages, voit tous les hommes du même œil ; elle abbaisse le Riche superbe, & le fait descendre de cette élévation où la Fortune l'a placé, pour le considerer dans son vrai point de vue ; elle relève l'humble Indigent & respecte en lui les droits de l'humanité : langage orgueilleux & hypocrite de certains Philosophes qui ne sont pas moins avides de Fortune que les autres.

Il est possible de dire à un Riche arrogant & superbe, qu'il est méprisé ; mais il n'est pas facile de lui persuader une autre vérité, qui est que ce mépris est fondé.

Séthon avant sa Fortune étoit doux, affable, moderé, compatissant ; maintenant il prend un air dur, féroce ; il s'emporte dès qu'il croit qu'on lui manque, & il le croit souvent ; il brusque jusqu'à ceux qui l'ont connu dans sa misère ; il est sans clémence, sans pitié ; ses amis se plaignent

& disent que les honneurs l'ont bien changé ; ses amis se trompent. *Séthon* avant sa Fortune étoit brutal, emporté, farouche & barbare. Les honneurs ne changent point le caractère, ils ne font que le développer.

Quel tumulte ! quels cris ! quelle foule de gens qui se heurtent en fuyant, pour se dérober à l'impétuosité de ces coursiers fougueux ! Mais qu'apperçois-je dans ce Char aussi brillant que rapide ? Est-ce un Citoyen utile à qui la Patrie décerne les honneurs du triomphe ? Le croiroit-on ? C'est un homme engraissé de la substance du Peuple, qui va rendre une visite inutile, & qui, chemin faisant, écraseroit volontiers

volontiers une douzaine de gens de mérite assez vertueux pour n'être pas Riches.

En entrant dans un de ces Palais insolemment ornés des débris de la Fortune publique, le stupide Vulgaire admire & se prosterne ; mais du fond de ces superbes Appartemens sort un cri qui perce l'oreille du Sage, & qui lui dit : méprise tout ce vain éclat, & plus encore celui qui en est le maître.

On m'introduit chez *Crésus*. Quel faste m'éblouit ! L'or brille de toutes parts. *Crésus* à mon aspect, prend un faux air de grandeur, il étudie mes mouvemens, il cherche à lire dans mes yeux la surprise & l'admiration, le respect même dû au possesseur de tant de richesses. Ces objets néanmoins qu'ailleurs je trouverois indifférens, chez *Crésus* me font horreur.

O *Crésus*, étends encore tes vastes Domaines, augmente le nombre de tes Vassaux, commande impérieusement à une foule de Valets faits pour ramper devant toi, entasse sur ta tête, sur celle de tes enfans, les titres les plus fastueux, élève de somptueux bâtimens aussi commodes que magnifiques, varie sans cesse tes plaisirs & tes goûts, assouvis tes desirs. Le sais-tu bien, *Crésus?* toutes tes Dignités, tes possessions, tes voluptés mêmes réiterées & accumulées, ne valent pas un ſeul inſtant de la joie qu'éprouve l'homme juſte.

S'élever de la pouſſière au faîte des grandeurs, ſe rendre redoutable à ſes Concitoyens, bâtir des Palais d'une ſtructure auſſi hardie que ſuperbe, être inacceſſible à la rigueur des ſaiſons, répandre l'abondance & la fertilité dans une Terre ingrate & aride, poſſeder dans ſes Jardins les richeſſes du Printems au milieu des glaces de l'Hiver, applanir les montagnes, détourner le cours des Fleuves, forcer la Nature à plier ſous les efforts de l'Art; tout eſt poſſible à l'homme riche, excepté d'être heureux.

N'admirez-vous pas dans *Syl-*

vain ce ton décidé qui apprécie les talens, le mérite même du cœur qu'il ne connoît pas, ce pied qui frappe la terre comme celui d'un Coursier impétueux, cette voix forte qui sort moins de ses poumons que de son orgueil? J'ai, vous dit-il, une Charge qui me coûte un million; j'ai acquis une Terre qui me donne de grands Droits, de beaux Privilèges, & une foule de Vassaux. Qu'est-ce que cela prouve, ô *Sylvain*, sinon que votre père a fait assez d'injustices pour vous mettre à portée d'en commettre de nouvelles?

Que d'ames viles prosternées à tes pieds, ô *Crassus*, qui mandient ta faveur, & la méritent par des bassesses ! Tu ne soupçonnes pas sans doute qu'il y ait un seul homme sans fortune qui ne fût jaloux de ta protection. Tu seras bien étonné, si je te dis que j'en connois un qui la regarderoit comme un opprobre.

Quel cortège nombreux vous accompagne, *Cléobule !* que votre cour est brillante ! Et comment ne le seroit-elle pas ? vous faites si bien les honneurs de votre maison ; vos fêtes sont si élégantes & de si bon goût ; votre politesse enchante ; votre magnificence a quelque chose de si noble, qu'elle surprend l'admiration, qu'elle excite les éloges. Cependant, *Cléobule*, il manque à la splendeur de vos fêtes ce que j'y cherche, & ce que je n'y trouve pas : un homme de bien dont vous ayez fait la fortune.

Il n'eſt pas rare qu'on veuille du bien à un honnête homme. Il eſt encore plus ordinaire qu'on en faſſe à un fripon.

Le Riche, s'il eſt généreux, eſt eſtimable. Le Pauvre, s'il eſt honnête homme, eſt admirable.

Fauſte qui a des protections & du crédit, demande à tout venant ce que c'eſt que tel poſte. Veut-il ſavoir quels talens il exige? Non; il ſe croit capable de tout. Quels devoirs il impoſe? encore moins : ſon intention n'eſt pas de les remplir. *Fauſte* veut ſavoir ſeulement quel eſt le revenu de cette place, qui ſera toujours beaucoup au-dessous de son avarice, ou de la dépense qu'entraînent ses désordres.

Vous tendez à la fortune, *Démophile*, vous briguez une place. Que ferez-vous? allez-vous employer le tems, négliger vos amis, vous ensevelir dans le silence du cabinet pour feuilleter des Livres, acquérir des lumières, développer, étendre vos vûes, perfectionner vos talens? Tout cela n'est bon que pour remplir ce poste que vous desirez; mais ayez de la figure, de la confiance, & soyez importun: voilà ce qu'il faut pour l'obtenir.

Arias est aimable & solide; il est d'une probité sévère & à toute épreuve; il a des lumières;

il aime le travail ; il possède toutes les vertus, & n'a aucun défaut ; mais je lui connois un ridicule, c'est de croire qu'avec des talens & de la probité on doit faire fortune.

Quelle est votre erreur, *Ménalipe*, de travailler à vous faire estimer, pour parvenir ? Comment l'emporterez-vous sur tant de gens qui demandent qu'on n'estime pas, & que l'on aime ?

Triomphez, *Chrysippe*. Favori de Plutus, vous n'êtes point étranger au Parnasse. Horace sur votre Bureau est à côté de Barême. Vos amis sont des Sages, & ils sont de votre choix. Vous préferez à la familiarité d'un Grand, le commerce d'un homme qui pense. Vous-même vous pensez, vous écrivez, & le bon goût applaudit. Vous êtes Philosophe par raison, non par dépit contre la Fortune. Heureux *Chrysippe*, qu'il est beau, qu'il est rare d'être riche & digne de l'être !

Chrisante qui est très-riche & très-ignorant, se regorge au milieu d'une troupe de petits Auteurs qu'il engraisse, & dont il se forme une cour. Il leur donne de bons repas qu'ils lui payent par de mauvais Vers. Il tranche du Mecènes. Il leur promet de les produire dans le Monde. Cependant qu'ils y prennent garde ; pour completer le ridicule de leurs ouvrages, il ne leur faudroit plus que le suffrage de *Chrisante.*

Quel est ce Riche qui est plus grand que sa fortune? Il nage dans l'abondance, & l'éclat de son opulence n'ôte rien à celui de sa probité. Ni la fraude, ni l'injustice, ni les rapines, ne l'ont escorté dans la route qui mène au Temple de Plutus. Le bonheur même qui fait tout, n'a presque rien fait pour lui; il doit son état à ses talens, à son mérite. Mais voici quelque chose de plus noble & de plus grand : *Sipra* est riche, & il n'abuse point de ses richesses; il est le père des pauvres, & il veut, autant qu'il est possible, que ses bienfaits soient le salaire de leur travail.

Par-là il écarte deux maux, la misère, & l'oisiveté pire cent fois que la misère. Sa fortune est le patrimoine de la Société, la ressource de l'Etat. Il a la confiance de tous ; il est estimé même des Grands à qui il est utile. O généreux *Sipra*, cet éloge n'est point suspect, je ne vous connois que par la Renommée ; mais vous êtes un Héros d'une espèce rare, puisque vous êtes le plus riche Particulier du Royaume, & que tout le Royaume dit du bien de vous.

I X.

Du Luxe.

ON a trouvé, de nos jours, le ſecret d'injecter un mort, de conſerver la fraîcheur & le coloris de ſa peau. D'un cadavre hideux & ſans vie, on en fait un ſpectacle agréable & qui fait illuſion : vrai ſymbole d'un Etat abandonné au Luxe.

Le Luxe ne ſeroit pas tolérable, quand il ne feroit que confondre toutes les conditions ; mais il fait bien pis, il énerve les eſprits, il énerve les corps, & ce qui paſſera peut-être pour un paradoxe, il détruit inſenſiblement l'induſtrie & le Commerce.

L'homme de fortune tranche du Prince ; le petit Bourgeois eſt le ſinge de l'homme de fortune ; l'Artiſan contrefait le Bourgeois. A quelque prix que ce ſoit, il faut briller, & pour briller il faut dépenſer beaucoup, faire bonne chère, jouer gros jeu : voilà ce qui paroît entretenir le Commerce. Cependant le tems ſe perd, les talens ſont enfouis ; on emprunte au Marchand que l'on ne paye pas, & qui devient inſolvable ; ceux à qui le Marchand doit, périſſent de misère. C'eſt ainſi que le Luxe n'eſt qu'une circulation de fraudes, de banqueroutes & de malheurs.

On prétend que le Luxe fait la ſplendeur d'un Etat, c'eſt-à-dire qu'il produit des Peintres, des Statuaires, des Muſiciens, des Artiſtes en tout genre, & point de Laboureurs.

Le Luxe eſt une Divinité biſarre à laquelle on ſacrifie le néceſſaire pour en obtenir le ſuperflu.

Pourquoi l'homme ruſtique qui fournit les choſes néceſſaires à la vie, eſt-il toujours pauvre? Pourquoi l'Artiſte qui ne travaille que pour le luxe & les plaiſirs, eſt-il dans l'abondance? C'eſt que les beſoins ſont aiſés à ſatisfaire, & que les paſſions ſont inſatiables.

Vivre honorablement, c'eſt

dans nos idées, briller par les ameublemens & les habits, traiter aussi splendidement à la Campagne qu'à la Ville, engraisser une troupe de Parasites qui vous flatent & qui vous trahiroient dans l'occasion ; c'est consommer ses revenus avant leur échéance, ne rien mettre en réserve pour le besoin ou pour les malheureux, s'exposer à devenir insolvable à force d'être magnifique. Ne diroit-on pas que pour vivre honorablement, il faut renoncer au bon sens & à l'honneur ?

Que l'amour propre est singulier dans ses mouvemens ! J'ai vû un Laquais se rengorger, parce qu'il suivoit un Maître bien galonné. N'y auroit-il pas encore quelque chose de plus bisarre, & ne seroit-il pas possible qu'un Laquais galonné s'estimât beaucoup plus qu'un honnête homme vêtu simplement ? Le Lecteur trouvera peut-être ici qu'on lui présente des objets peu nobles, peu dignes de son attention. Qu'il ne s'en offense pas cependant ; car en fait d'amour propre, presque tous les hommes sont Laquais.

Il est un Deuil comique, divertissant, propre à exciter les plus grands éclats de rire ; c'est le Deuil de Cour porté par la petite Bourgeoisie.

Célimène simple Bourgeoise, voit des gens de Cour, & en prend tous les airs, tandis que ſon mari qui n'a que de la probité, ſe charge des ſoins domeſtiques, ſoutient ſa maiſon, & fournit à la dépenſe de ſa femme. *Célimène* qui ſait que le noir lui ſied, attend impatiemment que la Cour prenne le Deuil; elle ne ceſſe de demander quel jour il commencera; elle l'auroit pris volontiers avant la mort du Prince. Si l'uniformité ne devenoit ennuyeuſe, & que *Célimène* n'eût pas à étaler des Robes de toutes couleurs, elle voudroit voir périr toutes les Têtes couronnées. Je ne connois qu'un Deuil qu'elle porteroit encore plus volontiers: c'eſt celui de ſon mari.

Dites à *Elvire*, que le Luxe exceſſif eſt la ruine de l'Etat;

peignez-lui les malheurs de Rome qui fut Maîtresse de l'Univers, & que le Faste de ses Habitans réduisit en servitude; qu'y gagnerez-vous? & qu'importe à *Elvire* que l'Etat périsse, pourvû qu'elle ait des Diamans, un superbe Equipage, & de grands Laquais mieux vêtus que d'utiles Citoyens?

Caton ôta aux Dames Romaines le Faste des Habits, & elles s'y prêterent généreusement pour le salut de la République. Si un nouveau Caton en faisoit autant aux Dames Françoises, je ne répondrois pas de sa vie.

Sosie qui, si l'on en juge par son génie étroit & sa santé robuste, étoit né pour conduire la Charrue, *Sosie* porte à son doigt un Diamant qui feroit la fortune de dix Familles.

C'est une chose indigne de voir combien *Opimius* est avare vis-à-vis d'un homme à talens qu'il emploie; & comment il est prodigue avec une femme dont il paye les crimes.

Voyez *Brontin* le donneur de Projets & le fabricateur d'Impôts. Quel Equipage plus élégant & plus leste que le sien? Quelle Maison mieux tenue? Quelle table mieux servie? Est-il un homme de qualité qui le surpasse? Pour trancher du grand Seigneur, il ne lui manque plus qu'un air de Grandeur qu'il aura bientôt. Il empruntera par tout ; & ne payera nulle part.

Il n'y a si petit Financier qui ne se crût insulté, si on lui conseilloit de se réduire à la dépense de Trajan ou de Marc Aurele.

X.

De la Religion.

UN Auteur qui écrit pour la Religion, eſt ſûr de n'être lû que du petit nombre; qu'importe?

Eraſte croît ne pouvoir mieux faire que d'écrire contre la Foi & contre les mœurs. Il eſt fâcheux pour lui d'être venu dans un ſiècle où ce ne ſoit pas du moins un moyen de dire du neuf.

Il eſt aiſé néanmoins de penſer d'une manière neuve & hardie, quand on penſe faux. La vérité a moins d'éclat, parce qu'elle eſt ancienne.

Quand *Hermadore* vous parle emphatiquement d'un *homme qui penſe*, il eſt clair qu'il veut parler de lui-même. Il eſt encore plus clair qu'un homme qui penſe comme lui, eſt un homme qui penſe mal.

Otez à la plupart de nos Littérateurs la médiſance, l'indécence & l'impiété, ils ſeront inſipides. On a bien peu d'eſprit, quand on n'en a qu'aux dépens de ſon cœur.

Bientôt le bel eſprit & l'impiété ſeront ſynonimes.

Oui, *Lucilius*, votre eſprit s'eſt élevé juſqu'aux Régions céleſtes, vous en avez parcouru la vaſte étendue, vous avez meſuré le cours des Aſtres; de-là vous êtes descendu aux objets terrestres, vous avez arraché à la Nature ses plus intimes secrets. Quelle vive lumière n'avez-vous pas répandue sur tout le monde physique! Outre un grand nombre de connoissances agréables & même utiles, vous possedez le talent de vous exprimer avec clarté, avec noblesse; vous n'êtes pas moins Eloquent que Savant. Que diriez-vous, *Lucilius*, si l'homme rustique, si le vil Artisan s'avisoit de nier la justesse de vos calculs, la vérité de vos découvertes? Vous n'auriez qu'un souverain mépris pour de pareils Censeurs. Pourquoi donc osez-vous critiquer la Religion que vous n'avez point étudiée, ou que vous n'avez pas entendue ?

Les beaux esprits passent leur vie à desapprendre la seule chose qu'il leur importe de savoir, à perdre le seul bien pour lequel ils existent : la Religion.

Quel sort plus beau en apparence que celui d'*Aristipe* ! Dès l'enfance, il annonça les plus rares dispositions. Ses premières années furent marquées par des succès qui eussent fait honneur à des hommes formés. Il sut orner la Philosophie des graces de la politesse & de l'enjouement. Toutes les Académies voient son nom sur leurs Registres, & elles s'en font honneur. *Aristipe* a tant d'esprit, que tout le monde a a voulu l'imiter, & que personne n'a pu l'atteindre. Ses ouvrages sont traduits dans toutes les Langues, & plaisent à tous les Peuples. Il disoit, il écrivoit encore les choses les plus ingénieuses dans un âge où l'ame appesantie cesse, pour ainsi dire, de penser. *Aristipe* meurt couvert des lauriers du Parnasse; il emporte l'admiration de ses concitoyens, l'estime de ses Rivaux mêmes; il meurt, & ce qui peut lui arriver de plus affreux, c'est de ne pas détester ce qui a fait son plaisir, sa réputation & sa gloire.

N'imprimez pas à trente ans ce qui vous donnera des remords à soixante.

Les Incrédules réclament sans

ceſſe la liberté de penſer. Où ſont donc les Edits, les Ordonnances qui leur défendent de penſer comme ils voudront? Il eſt évident que ce qu'ils entendent par liberté de penſer, c'eſt la liberté de parler & d'écrire; c'eſt-à-dire, qu'ils veulent qu'on leur permette de blaſphêmer en liberté.

On pend les Voleurs, on rompt les Aſſaſſins; d'où vient n'écartele-t-on pas l'Auteur d'un Livre impie?

» Lorſqu'on annonce au Peu-
» ple un Dogme qui contredit la
» Religion dominante, dit un
» Ecrivain moderne, ou quelque
» fait contraire à la tranquillité
» publique : juſtifiât-on ſa miſ-

» ſion par des miracles, le Gou-
» vernement a droit de ſévir, &
» le Peuple de crier, *Crucifige.* «
O toi qui dans le ſein du Chriſtianiſme, oſes débiter de pareils blaſphêmes, comment ne vois-tu pas que l'Arrêt de ta condamnation vient de couler de ta plume?

Le Magiſtrat ſévit contre le Scélérat qui trempe ſes mains dans le ſang de ſon frère. Celui qui prétend que ce crime eſt une action indifférente, de quels ſupplices n'eſt-il pas digne?

J'ai vu des Incrédules dont on vantoit l'habileté. J'ai oſé entrer en lice avec eux, & j'ai ſenti que je les valois bien. J'ai trouvé non des eſprits forts, mais des esprits séduits qui nioient tout, parce qu'ils ne savoient rien. Comment, me suis-je dit, des hommes si bornés peuvent-ils être si pleins de confiance? Comment, avec si peu de lumières, oser démentir des principes si clairs & si anciens? Une réflexion m'a instruit sur leur compte: je me suis souvenu que l'orgueil & l'entêtement étoient le propre de l'ignorance.

J'ai vu une autre espèce d'Impies, gens d'esprit & capables de raisonner juste, s'ils avoient eu de la bonne foi. Pour échapper à l'évidence qui les poursuivoit, ils cherchoient des détours, des subtilités, des sophismes. Avec cela ils alloient jusqu'à nier l'existence de la Divinité. J'avoue que ceux-là m'auroient plus étonné, si je n'avois su que non-seulement ils violoient le Christianisme, mais encore qu'ils étoient des monstres dans l'ordre de la Loi naturelle.

Théramène fait des objections contre la Foi, attaque la Révélation, raisonne contre les Mystères, nie la nécessité d'un culte extérieur. Vous dites de *Théramène* que ses propos sont vagues, qu'il a l'esprit faux, qu'il manque de Logique. Je dis, moi, qu'il a de grandes restitutions à faire, ou de grands désordres à réparer.

Les Impies ne veulent pas qu'on leur dise que s'ils ne

croient point, c'eſt parce qu'ils ont intérêt de ne pas croire. Ils prétendent que c'eſt une phraſe de Déclamateur qui ne ſignifie rien. Qu'ils nous montrent donc un ſeul homme qui pratique la Loi, & qui ne croie pas à la Religion.

Athées inſenſés, aveugles Déiſtes, citez-nous un homme de bien à qui vous ayez perſuadé vos Dogmes.

Les Incrédules avouent que la Morale de l'Evangile eſt ſublime ; mais ils prétendent que ſes Dogmes ſont abſurdes. Je n'ai qu'un mot à leur dire : qu'ils pratiquent la Morale, ils croiront bientôt les Dogmes.

Les Eſprits forts rient quand

on leur propose l'exemple des Chrysostome, des Augustin, & de tous les beaux génies de l'Antiquité sacrée. Quelle foiblesse, disent-ils, de croire parce qu'un tel a cru, de n'oser penser d'après soi-même! Cependant ils ne publient leurs Dogmes impies que pour persuader. Croient-ils donc qu'il est plus beau de les suivre que les Augustin & les Chrysostome?

Exposez à l'Incrédule les preuves de votre Religion, développez-les avec force, soutenez-les avec chaleur; il vous dira que vous voulez le subjuguer; que ce n'est pas la conviction, mais la vanité qui vous inspire ce zèle. Hommes superbes &

téméraires qui voudriez asservir le Genre humain à vos idées, dites-nous quel orgueil il peut y avoir à se soumettre à l'Autorité, à penser comme le Peuple.

Pourquoi, depuis tant de siècles, une Religion dont les Mystères sont si fort au-dessus de l'esprit humain, dont les préceptes sont si contraires au penchant du cœur, est-elle crue, professée, défendue par ceux mêmes qu'elle condamne, & qui la transgressent dans sa Morale? Et vous, Esprits forts, Génies sublimes & transcendans, qui prêchez une Religion si commode, comment n'avez-vous pas encore détrompé l'Univers?

Quel est ce Dieu des Chrétiens qui ne s'est manifesté qu'à un petit nombre d'hommes, nous dit fierement le Déiste? Nous répondons que ce Dieu a établi un Tribunal subsistant & suffisant pour instruire tous les Peuples & tous les siècles, qu'il n'y a qu'à écouter & se soumettre. Mais quel est le Dieu des Déistes qui ne s'est manifesté à personne?

Que les Déistes ne disent pas que la Loi naturelle suffit. J'en ai cherché deux qui eussent le même système de Religion; je les cherche encore.

Ce que le Déiste a de raisonnable & de pur dans sa Morale, où l'a-t-il puisé, si ce n'est dans la nôtre?

Quand on entend l'Impie déclamer contre la Foi, on riroit de pitié, si on pouvoit s'empêcher d'être saisi d'indignation.

L'Impie triomphe de ses blasphêmes, il s'applaudit de sa tranquillité. Il ne voit pas que lorsqu'il est tranquille, c'est la Religion qui se venge.

L'Impie prétend que le Fidèle qui croit, est un Automate. Le Fidèle pense que l'Impie qui ne croit pas, est un extravagant. L'examen prouve ensuite que c'est le Fidèle qui a le coup d'œil juste.

Que le Théologien vienne, & qu'il prouve, dit un Auteur de ce siècle; je lui réponds : le Théologien a établi les preuves; que l'Impie vienne & qu'il les détruise.

On n'a encore fait que des objections contre la Religion. On ne lui a opposé que des doutes, des plaisanteries, des sarcasmes épars dans une multitude de volumes, & qui réunis ne formeroient pas contre elle une semi-preuve. Tant que nos beaux Esprits ne nous feront pas un Corps d'ouvrage complet, qui sappe par les fondemens ce vaste & superbe Edifice, nous serons en droit de conclure que l'Impiété qui ose tout ce qu'elle peut, est impuissante dès qu'elle cesse d'être hardie.

Socrate, Platon, Epictete, s'étoient formé l'idée d'un Sage digne d'être l'*Envoyé de Dieu*. Ils avoient tracé ses caractères;

ils avoient donné ses opprobres, ses souffrances comme les marques de sa Mission; ils avoient peint le CHRIST. Et Celui qui eût vu tomber à ses pieds Epictete, Platon & Socrate, est le rebut de nos Philosophes.

Depuis près de dix-huit siècles qu'on prêche la Morale Evangélique, on a dit qu'au sein même de l'abondance & des délices, l'homme sentoit toujours dans son cœur un vuide affreux que l'Univers ne rempliroit pas. On n'a cessé de le dire, on le crie tous les jours aux oreilles des heureux du siècle, & aucun d'eux ne s'est encore avisé de le nier. La Divinité est donc l'unique fin de l'homme. Donc la Religion qui, dès cette vie, rapproche le plus l'homme de la Divinité, eſt la ſeule conſolante & la ſeule véritable.

Si l'Impie n'a jamais goûté les charmes de la Religion, de quel droit peut-il la mépriſer? Si au contraire il en a connu les douceurs, de quel front peut-il la décrier?

Rien ne prouve la Religion comme ſa jouiſſance. Le meilleur ſillogiſme en faveur du Chriſtianiſme, c'eſt la paix d'un cœur chrétien.

Toute eſpèce de Philoſophie laiſſoit à l'homme ſon orgueil. L'orgueil eſt la ſource de tous les déſordres qui troublent la Société. Donc une Religion qui détruit l'orgueil, eſt la ſeule Philoſophie qui puiſſe faire le bonheur du Genre humain.

Toute la Religion n'eſt que Juſtice & Sageſſe. Donc reprocher à la Religion les excès de l'enthouſiaſme & du fanatiſme, c'eſt imputer à la Loi les attentats qu'elle réprouve.

On croit avoir fait la ſatyre d'un homme, quand on a dit : c'eſt un Dévot. Il faudroit du moins pouvoir dire : c'eſt un hypocrite.

L'Impie reproche au Dévot des caprices, de l'humeur, de l'amour propre : légères taches qu'on n'apperçoit pas chez l'Impie, parce qu'elles ſont couvertes par de grands crimes. Il en résulte que l'Homme pieux est toujours homme, tout Dévot qu'il est, & que l'Impie n'est pas digne d'être homme.

O *Théotime*, que vous êtes heureux d'être docile à la voix de la Religion, dans un âge, dans un rang où l'on n'entend que le cri des passions. Si la Dignité de Prince honore tout, vous prouvez que la piété honore les Princes ; que la probité qu'on regarde comme une vertu de populace, est le premier mérite des Grands. Quel ordre admirable règne dans la maison de *Théotime* ! Quelle exactitude à payer le salaire de l'Artisan qui crie vengeance quand il est differé ! Prince somptueux, qui pourroit dans une fête le surpasser en éclat? La vraie piété sait être magnifique quand il faut l'être. Epoux tendre & fidèle, la perte d'une aimable & vertueuse Epouse l'eût réduit au désespoir, si sa Religion ne lui ordonnoit pas de se consoler. Cœur compatissant & généreux, c'est sur-tout pour le pauvre que *Théotime* est riche; il ne sent le prix des richesses que quand il goûte le plaisir de les répandre dans le sein des malheureux. S'il parcourt la Province, l'Etranger même accourt en foule sur son passage, pour recevoir ses bienfaits. Est-il dans le Champ de Bataille? Rang, honneurs, puissance, fortune, tout disparoît à ses yeux; il ne voit plus que ſon devoir & ſa Patrie. Eh ! quels périls pourroient étonner un Héros qui ne combat qu'en vûe de ſon Dieu & de ſon Roi ? Courtiſans que l'ambition dévore, venez & apprenez de *Théotime* combien la vertu eſt ſupérieure aux dignités.

Il faut avouer que les Dévots ſont incommodes, quand ils deviennent les diſpenſateurs des graces & de la fortune. Car fuſſiez-vous l'homme du monde le plus aimable & le plus enjoué, le mieux fait & le plus adroit ; fuſſiez-vous habile dans tous les arts agréables ; euſſiez-vous même des connoiſſances ſolides, des talens utiles, ſi vous n'avez de la Religion & des mœurs, vous n'êtes point de leurs amis.

N'y a-t-il donc point de probité sans Religion? Les vertus humaines sont-elles essentiellement liées à des dogmes de spéculation, vous dira l'Incrédule? Mais pense-t-il donc qu'on doive avoir meilleure opinion de lui que des Héros de la Religion? & si malgré les grands motifs dont elle les anime, la vertu leur est encore difficile, que sera-ce de l'Incrédule abandonné à lui-même?

Croire toutes les passions innocentes & ne les pas satisfaire toutes, quand on le peut sans risque, c'est sotise. Les Athées doivent donc opter : s'ils ne sont pas des monstres, ils sont des imbécilles.

Les petiteſſes, les écarts, les vices même de l'homme prouvent ſa grandeur, puiſqu'ils prouvent que l'homme eſt libre.

Burrhus eſt à la Cour, & il ne rampe point; il n'eſt eſclave que de ſes devoirs; ſa prudence eſt toute ſa politique. Au centre du tourbillon, il eſt ſerein & tranquille; il attend les dignités ſans impatience, & les ſoutient avec nobleſſe. Son exemple eſt ſi frappant, qu'il ramène des Courtiſans à l'amour de la vertu. Il eſt eſtimé, reſpecté de ceux même que ſa conduite condamne, & qui n'ont pas le courage de l'imiter. Comment *Burrhus* ne forceroit-il pas tous les ſuffrages? Quel Sujet plus fidèle à ſon Roi! Quel

Guerrier plus intrépide ! Quel Ami plus ſolide & plus ſincère ! Quel Citoyen plus doux & plus affable ! Il ſera peut-être permis aux Courtiſans de mépriſer la Religion, lorſque ſans elle ils ſeront des *Burrhus*.

Les vrais amis ſont rares ; perſonne n'en doute. J'en ai cependant trouvé pluſieurs : malheureuſement pour l'Irréligion, ils étoient Dévots.

Théophile a de la naiſſance, de la figure, des graces, & tout ce que le monde exige de ceux qui veulent lui plaire. Cependant *Théophile* a ſenti dès l'enfance que la vertu étoit au-deſſus de tous les plaiſirs, ou plutôt il a ſenti qu'il n'y avoit de vrais plaiſirs que ceux de la vertu. Si la plus grande marque qu'un homme puiſſe donner de ſon eſprit, c'eſt de s'attacher à ſa profeſſion, qui a plus d'eſprit que *Théophile?* Conſacré aux Etudes ſéches & pénibles de la Magiſtrature, c'eſt un homme de travail dans l'âge de la diſſipation. Uniquement occupé de l'importance de ſes fonctions, il s'y livre avec une ardeur dont il a penſé être la victime. Rappellé des bords du tombeau, ſes périls paſſés ne l'ont point rallenti; il ſera toujours prêt à ſacrifier ſes jours à ſes devoirs. Mais quelle idée vous formez-vous de ſon caractère? Penſez-vous que ce ſoit un homme biſarre, auſtère, farouche qu'il faille reléguer avec ſes Livres? un homme qui ne ſoit propre qu'à bien ſervir ſon Dieu, ſa Patrie & ſon Roi? Vous le connoiſſez mal. *Théophile* eſt attentif aux bienſéances, & il ſait les remplir. Toujours affable, toujours ſerein, la paix de ſon cœur eſt peinte ſur ſon front. On ne l'aborde qu'avec confiance, on ne le quitte qu'avec regret. *Théophile* eſt né pour montrer que ſi la Religion ſeule fait les hommes eſſentiels, c'eſt à elle auſſi qu'il appartient de former les gens aimables.

Qu'eſt-ce qu'un honnête homme, ſinon celui qui rend à la Divinité un hommage continuel de ſentiment & d'action? qui docile à toute autorité légitime, concourt par sa soumission à l'harmonie de la Société, comme il la sert par un travail utile? L'honnête homme ne connoît ni les intrigues de l'ambition, ni les bassesses de l'avarice. Il fuiroit la volupté, quand il n'envisageroit que les troubles qu'elle excite. Heureux de la prospérité de ses concitoyens, il souffre de leur infortune, & partage les malheurs qu'il ne peut adoucir. Est-il dans l'élévation? Il use de son pouvoir pour protéger l'innocence, pour châtier l'injustice. S'il tombe dans la disgrace, sa constance l'élève au-dessus des événemens, & sa vertu lui suffit. Il ne connoît point les loix du faux honneur ; il ſe venge des injures par les bienfaits. Il ſacrifieroit ſes amis à ſon devoir, il ſe ſacrifieroit lui-même pour ſes amis. Sérieux quand la décence l'éxige, enjoué quand elle le permet, il eſt circonſpect & poli avec tous les hommes, perſuadé qu'il eſt toujours dû une ſorte de reſpect à l'amour propre auſſi promt à s'irriter chez le Peuple que chez les Grands. Fils reſpectueux, Père tendre, Epoux fidèle, il eſt l'exemple & l'honneur de ſa famille, de la Société entière. Ses vertus ne ſont pas chez lui pour le ſpectacle ; l'honnête eſt avec lui-même ce qu'il ſeroit aux yeux de l'Univers. Incrédules, que dites-vous de ce portrait?

trait? Vous paroît-il ressemblant? Pourriez-vous en effacer un seul trait sans le défigurer? Qu'il est humiliant pour vous, qu'en traçant le caractère de l'honnête homme, on ne puisse peindre que l'homme chrétien!

Je connois dans le Monde tel honnête homme qui n'est qu'un scélérat.

L'irréligion est à un point qu'un Protecteur croit proposer un homme rare, quand il peut dire de son protégé, qu'il a des mœurs & qu'il croit en Dieu.

Avant peu, ce sera bien pis; un Protecteur qui aura un tel protégé, n'osera plus le dire.

FIN.

TABLE.

www.ingramcontent.com/pod-product-compliance
Ingram Content Group UK Ltd.
Pitfield, Milton Keynes, MK11 3LW, UK
UKHW022018170726
13837UKWH00001B/252